上教心理学教材系列·通识类

盖笑松 主编

林东慧　吴晓靓　王艳秋 副主编

积极心理学

Positive Psychology

扫描二维码，获取视频资源

编委会成员

主　编　盖笑松
副主编　林东慧　吴晓靓　王艳秋
编　委　（按姓氏音序排列）

安怡静　陈　宣　崔楠楠　盖笑松　顾婷玉
侯春娜　黄雅妮　姜　莹　康艳红　李冬梅
李　莉　李　阳　梁　萧　林东慧　刘本扬
刘慈航　刘芳晴　吕丹诺　马媛春　彭　飞
彭黎红　王国霞　王　宏　王佳莹　王　琳
王　苏　王　文　魏义梅　吴晓靓　相　楠
闫　艳　于博充　于海峰　张　婵　张晓敏
钟　杉　庄旸旸

序言

积极心理学是近20年来心理学研究者开始采纳的一种新视角。这一新视角强调,心理学不只要关注心理问题的成因和修复,也要关注心理繁荣与最优体验的产生过程和条件。于是,一系列新兴的迷人主题开始逐一得到深入探索:智慧、美德、幸福、沉浸、爱情、创造力、感恩、宽恕、韧性……这一新视角不仅催生了大量的科学研究成果与应用实践做法,更引发了社会大众对心理学知识和技能的新热情和新需求。

2012年,一个偶然的机会,我在机场书店看到一本马丁·塞利格曼的著作《真实的幸福》,被其吸引,我开始注意追踪积极心理学研究者的系列著作:泰勒·本-沙哈尔的《幸福的方法》、芭芭拉·弗雷德里克森的《积极情绪的力量》与《爱的方法》、米哈里·契克森米哈赖的《专注的快乐:我们如何投入地活》和《心流:最优体验心理学》、迪纳父子的《改变人生的快乐实验》、马丁·塞利格曼的《活出最乐观的自己》、理查德·勒纳的《积极青少年的6种品质》等。阅读过程中,我越发感受到这些思想散发的魅力,于是产生了一种强烈的传播愿望。自2014年开始,我先后为两组社会成年学员开设了两期总计100小时的"积极心理学"公益课程,结果便一发不可收拾了。越来越多各行各业的人听到消息,纷纷要求我开设新一期课程。然而,我的时间状况实在难以应对,只好组建微信群在线授课,先前的学员帮助我为后来的学员答疑、点评,布置课堂练习和实践作业,学员纷纷自称"黄埔一期""黄埔二期""黄埔三期"……在社会培训过程中,一些优秀的学员脱颖而出,逐渐登台成为讲师。于是,来自高校的魏义梅老师、王佳莹老师、孟翀老师,来自企业的郑秀英大姐,以及研究生当中的张晓敏、林东慧、吴晓靓、于博充、黄雅妮等，和我一起组建了"心弦调音师"讲师团，为东北师范大学、长春大学、吉林交通职业技术学院、大连红旗高级中学、辽源地区和通辽地区的中小学教师等传播积极心理学。在这条学习和传播积极心理学的道路上，充满了无数美好的时光、感人的故事、积极的互动和难忘的回忆。

自2014年9月开始，我在东北师范大学为非心理学专业学生开设了通识课"积极心理学"，同时也为心理学专业学生开设了专业选修课"积极心理学"。这门课先后获得吉林省"本科高校省级在线开放课程"和"全省高校课程思政教学改革学科育人示范课程项目"的支持，课程内容得以不断完善，并录制了视频微课，编写了教材文案。教材的编写历经五年时光，每修改完一版，在投入教学使用后又会产生新的想法，同时也不断补充来自新近研究文献的知识。研究生林东慧、吴晓靓、李莉、相楠、黄雅妮、刘本扬、刘芳晴、庄旸旸、王苏、李阳、于博充、王琳、吕丹诺、陈宣、闫艳、梁萧、姜莹、顾婷玉、王宏、钟杉、马媛春、崔楠楠、刘慈航、张婵、张晓敏、彭飞、安怡静等人帮助我编写了最初的内容。东北师范大学教师侯春娜、王文、于海峰、魏义梅、李冬梅、王国霞、王佳莹等帮助我对各章内容进行了修改。此外，王丹、张丽、李鸽、刘丹、闫雪、邢雷雷、单昕、邵一平、谢婷婷和寇弘扬等也参与了书稿的修改。在五年的编写和修改过程中，林东慧和吴晓靓，还有后来加入的王琳同学，始终以饱满的热忱和强烈的责任心协助我不断完善书稿，使之得以现在的面目呈现。

与同类教材相比，这本教材的主要特点是：第一，知识覆盖面比较广，吸收了世界上积极心理学主要研究者专著和论文中的思想观点。第二，实操性强，每一章都为读者设计了形式多样的课堂练习和实践作业。第三，重视知识呈现形式，我努力把它写成教材而不是文献综述。第四，适用面广，既适合专业人士学习，也适合非专业群体将其作为自助类图书阅读。

最后，还是忍不住要啰啰唆唆地提醒读者，心理技能同运动技能一样，不是通过阅读来了解的,而是通过主动践行去做到的。所以,希望读者重视每章的课堂练习和实践作业,走上一条心理素养修行之路。

现在就开始与"积极心理学"的邂逅吧!

盖笑松

2019年11月18日于东北师范大学

目录

第一章　积极心理学入门　　　　　　　　　　　　　　　　　　　　1
　一、积极心理学的兴起　　　　　　　　　　　　　　　　　　　　2
　二、积极心理学的宗旨　　　　　　　　　　　　　　　　　　　　5
　　课堂练习1-1　三个层次的生活　　　　　　　　　　　　　　　6
　三、积极心理学的内容体系　　　　　　　　　　　　　　　　　　8
　　课堂练习1-2　积极心态　　　　　　　　　　　　　　　　　　11
　　实践作业1-1　课程期望　　　　　　　　　　　　　　　　　　12
　拓展阅读　　　　　　　　　　　　　　　　　　　　　　　　　　12
　思考题　　　　　　　　　　　　　　　　　　　　　　　　　　　13

第二章　积极的自我　　　　　　　　　　　　　　　　　　　　　　14
　一、自尊的内涵与作用　　　　　　　　　　　　　　　　　　　　14
　二、自尊的威胁　　　　　　　　　　　　　　　　　　　　　　　17
　　课堂练习2-1　三种社会比较　　　　　　　　　　　　　　　　19
　三、自尊的维护　　　　　　　　　　　　　　　　　　　　　　　23
　　课堂练习2-2　无条件自尊者和条件性自尊者持有的想法　　　　24
　　课堂练习2-3　给自己的一封信　　　　　　　　　　　　　　　31
　　课堂练习2-4　三个领域的积极超越　　　　　　　　　　　　　33
　　课堂练习2-5　描绘你的文化世界观　　　　　　　　　　　　　36
　　实践作业2-1　理想自我与恐惧自我　　　　　　　　　　　　　36
　拓展阅读　　　　　　　　　　　　　　　　　　　　　　　　　　37
　思考题　　　　　　　　　　　　　　　　　　　　　　　　　　　38

第三章　积极的品格 ... 39
一、品格优势的种类 ... 39
课堂练习 3-1　公众人物或艺术作品中的人物的品格优势 ... 42
课堂练习 3-2　身边的品格优势 ... 42
二、品格优势的功能 ... 52
三、品格优势的识别和运用 ... 54
实践作业 3-1　日常践行品格优势 ... 57
拓展阅读 ... 58
思考题 ... 58

第四章　积极的认知 ... 59
一、乐观的态度 ... 59
课堂练习 4-1　认识自己的解释风格 ... 64
课堂练习 4-2　尝试改变不合理信念 ... 66
课堂练习 4-3　身边的乐观和悲观 ... 69
二、饱满的希望 ... 69
三、创造的倾向 ... 73
四、智慧的生活 ... 77
实践作业 4-1　建立自己的希望清单 ... 80
拓展阅读 ... 81
思考题 ... 82

第五章　积极的情绪 ... 83
一、情绪分类 ... 83
二、积极情绪与消极情绪的对比 ... 84
三、积极情绪与消极情绪的最佳配比 ... 85
四、积极情绪的十种类型 ... 89
五、积极情绪的功能 ... 89

六、如何减少消极情绪 ... 92
课堂练习 5-1　缓解消极情绪 ... 93

七、如何增加积极情绪 ... 94
实践作业 5-1　彩色的星期 ... 97
实践作业 5-2　随喜故事（为别人的喜悦而喜悦） ... 98
实践作业 5-3　天天都是感恩节 ... 98
拓展阅读 ... 99
思考题 ... 99

第六章　积极的体验 ... 100

一、沉浸体验的特征 ... 101
课堂练习 6-1　回忆沉浸体验 ... 102

二、沉浸体验与复杂性增长 ... 104
课堂练习 6-2　反思自己的调节模式 ... 107

三、如何获得沉浸体验 ... 107
实践作业 6-1　创造沉浸体验 ... 110
拓展阅读 ... 110
思考题 ... 110

第七章　积极的发展 ... 112

一、青少年积极品质的成分和作用 ... 113
课堂练习 7-1　身边的积极品质 ... 116

二、促进青少年的积极发展 ... 121
课堂练习 7-2　社团活动中的积极经验与收获 ... 127
实践作业 7-1　假如我当了教师 ... 136
拓展阅读 ... 136
思考题 ... 137

第八章　积极的人际互动　138

一、慈心冥想　139
二、积极性共鸣　143
　课堂练习8-1　积极性共鸣　144
三、积极主动式回应　147
　课堂练习8-2　不同回应风格　149
四、积极的工作环境　150
五、爱的艺术　154
六、宽容　158
　课堂练习8-3　练习宽容　163
　实践作业8-1　慈心冥想　164
拓展阅读　164
思考题　164

第九章　积极的疗法　166

一、什么是正念　167
二、正念练习技术　169
　课堂练习9-1　观呼吸　169
　课堂练习9-2　身体扫描　170
　课堂练习9-3　正念品尝　171
　课堂练习9-4　触觉的观察者　171
　课堂练习9-5　列队小人　172
　课堂练习9-6　桥头观水　172
三、正念练习技术的作用机制　172
　实践作业9-1　观呼吸　175
　实践作业9-2　正念用餐　176
　实践作业9-3　正念行走　176

拓展阅读	177
思考题	178

第十章 在挫折中成长 — 179

一、心理韧性的过程模型	180
二、心理韧性的因素—过程框架模型	182
课堂练习 10-1 预测未来的挫折	186
三、如何增强心理韧性	187
实践作业 10-1 挫折的意义	191
拓展阅读	192
思考题	193

第十一章 意志的力量 — 194

一、从环境的奴隶到行动的主人	194
课堂练习 11-1 被动的自我和能动的自我	197
二、从被动风格转向主动风格	198
课堂练习 11-2 熟人里谁具备主动性人格？	201
三、意志能量的节能减排	201
课堂练习 11-3 抵制诱惑的策略	203
四、在随遇而安与人定胜天之间	205
五、利有所不取，害有所不避	208
课堂练习 11-4 填写生活事件激活的系统及引发的行为反应	209
六、缩小行为意愿与行为之间的鸿沟	211
课堂练习 11-5 运用 MCII 策略	215
课堂练习 11-6 资源与阻碍	216
七、目标追寻之路上的策略	217
课堂练习 11-7 给你的事情排个序	219
实践作业 11-1 建立新习惯	219

拓展阅读 219
　　思考题 220
第十二章　幸福的科学 221
　　一、幸福的"汉堡模型" 222
　　二、幸福的五个要素——PERMA 224
　　　课堂练习12-1　我的PERMA时光 227
　　三、幸福与金钱的关系 228
　　四、影响幸福感的因素 234
　　　实践作业12-1　汉堡模型 236
　　拓展阅读 236
　　思考题 237
参考文献 238

第一章

积极心理学入门

> **学习目标**
> - 了解积极心理学的兴起、宗旨和内容体系
> - 分析自尊自信、理性平和、积极向上的基础原理
> - 乐于打开积极心理学之门,准备走上心灵修炼之路

积极心理学是一门关于人类心理繁荣(thriving)和获得最佳体验的条件及实现过程的科学。

个体心理繁荣和最佳体验,涉及如何体验更多的积极情感,发扬品格优势,使人生更多的时间处于沉浸体验而非焦虑或无聊之中,增强心理韧性,提升智慧和创造力等。

团体心理繁荣和最佳体验,涉及如何创设积极的团体氛围,增进成员之间的信任感、亲密感、安全感、归属感,提升团体的凝聚力和协作效率等。

社会心理繁荣和最佳体验,涉及如何优化社会制度,使人们更多地处于双赢关系而非输赢关系之中,更多地处于成长焦虑而非回避损失焦虑之中,有利于人性向更高境界演化。

通俗地讲,病理心理学更关心如何把-10分的心灵修复回0分,而积极心理学更关心如何把0分的心理体验建设到+10分。

一、积极心理学的兴起

1. 心灵消极面一直更受社会关注

在第二次世界大战以后,研究心灵消极面的病理心理学在心理学界一枝独秀。

历时数年的残酷的第二次世界大战极大地破坏了人类的幸福生活。第二次世界大战后,人类面对的物质世界和精神世界都已满目疮痍,修复和解决人的各种精神问题,自然成为当时形势下心理学最紧迫的任务。

第二次世界大战后,许多退伍军人患上了战争综合征。1930年,美国退役军人管理局成立,美国政府拨出巨额资金帮助那些由于战争而产生心理问题的退伍军人恢复健康。受此影响,大批应用心理学家开始把主要精力用于治疗心理疾病。1946年,美国国家心理健康研究所(National Institute of Mental Health,NIMH)成立,它继承了美国精神病防治学会的传统,把病理修复作为组织的工作目标。一方面,它吸纳了许多心理学家;另一方面,它采用奖励、资助、辅助出版著作等形式,鼓励一大批心理学家开展病理心理学方面的研究。在此背景下,病理心理学和心理治疗学成为研究重点。

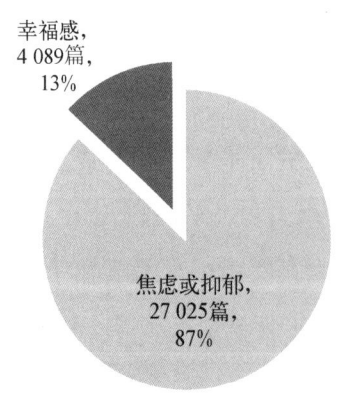

图1-1 1960—2000年,与焦虑或抑郁和幸福感相关的心理学文献的数量和比例

在覆盖最为全面的SCOPUS科技论文摘要数据库中,分别以"anxiety or depression"(焦虑或抑郁)和"happiness or well-being"(幸福感)为搜索词,在"关键词、标题、摘要和参考文献"中搜索1960—2000年发表的心理学文献,搜索到的心理学文献的数量和比例情况如图1-1所示。

从图1-1可以看出,1960—2000年间,关于焦虑或抑郁的心理学文献的数量和比例远远大于关于幸福感的心理学文献的数量和比例。

2. 20世纪人本主义心理学中蕴涵的积极心理学思想

20世纪五六十年代,以亚伯拉罕·马斯洛(Abraham Maslow)、卡尔·罗杰斯(Carl Rogers)、维克多·弗兰克(Viktor Frankl)、罗洛·梅(Rollo May)等人为代表的人本主义心理学家开始关注人性的积极层面,开创了一系列研究主题,包括健康人格、自我实现、心理需要的满足、高峰体验、接纳与信任、安全感、积极互动、成长本能、生命的意义、自由、爱、意志等。然而,多数人本主义心理学家更在乎提出深邃的思想洞见,却未能用科学严谨的实证研究来支撑他们的观点。也正是这一原因,人本主义心理学的理论没有被实证主义心理学研究者继承和发展。严格地讲,在这个时期,基于实证研究的积极心理学尚未真正出现。

3. 以实证研究为基础的积极心理学在21世纪兴起

积极心理学的实证研究得益于著名心理学家马丁·塞利格曼(Martin Seligman,见图1-2)的推动。塞利格曼是积极心理学运动的发起人和主要推动者。他早期曾是一位行为主义者。在20世纪六七十年代,塞利格曼因通过实验提出"习得性无助"概念而闻名。他在实验中发现,动物和人类身上普遍存在习得性无助现象,即当个体面临不可控的情境时,一旦认识到无论怎样努力都无法改变不可避免的消极结果时,个体便会产生放弃努力的消极认知和行为,表现出无助、无望和抑郁等消极情绪。

20世纪80年代末,塞利格曼转向习得性乐观的研究,开始关注如何更好地促进人类的天赋和品格优势的发展。1998年,塞利格曼担任美国心理学会(American Psychological Association)主席后,竭力主张将心理学的研究重点从对病态心理的研究和治疗扩展到对人类幸福和美德的科学研究上,从而将积极心理学提到重要的位置。

1998年,塞利格曼、米哈里·契克森米哈赖(Mihaly Csikszentmihalyi,见图1-3)等在墨西哥召开会议,共商积极心理学的内容体系等问题,最终确定了积极心理学研究的三大支柱:积极的情感体验、积极的人格和积极的社会组织系统。

图 1-2　马丁·塞利格曼(1942—　)　　图 1-3　米哈里·契克森米哈赖(1934—　)

2000年,塞利格曼和契克森米哈赖在《美国心理学家》杂志上发表了《积极心理学导论》一文,较全面地阐述了积极心理学的理念,并主张加强积极心理学的实证研究。

2002年,美国心理学家科里·凯斯(Corey Keyes)和沙恩·洛佩斯(Shane Lopez)提出了积极心理学的二维评价指标,分别以心理疾病症状的强弱和主观幸福感的高低为横坐标和纵坐标,划分成四种情况(如图1-4所示)。其中,完全心理健康是最理想的情况,指的是个体几乎没有心理疾病症状且具有较高的主观幸福感;部分病态指的是具有较高的主观幸福感和较强的心理疾

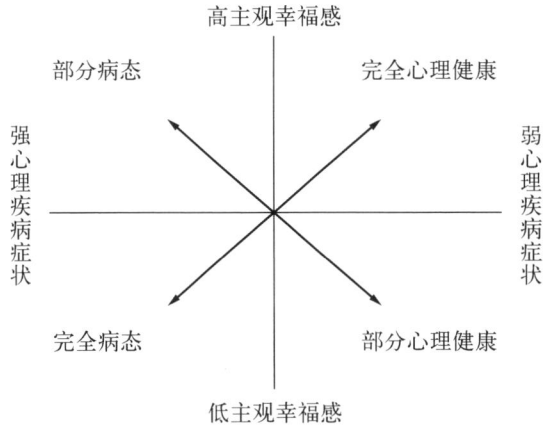

图 1-4　积极心理学的二维评价指标

资料来源:Keyes & Lopez(2002)

病症状的心理疾病患者,比如具有自恋型人格和冲动型人格的人;完全病态指的是具有较低的主观幸福感和较强的心理疾病症状的心理疾病患者,比如焦虑症和抑郁症患者;部分心理健康指的是几乎没有心理疾病症状但主观幸福感较低的人,比如近期经历挫折或者不善于调节压力和改善生活的人。

近十几年,积极心理学领域积累了越来越多的实证研究结果。哈佛大学心理学家泰勒·本-沙哈尔(Tal Ben-Shahar)的积极心理学课一度成为最受欢迎的选修课程。

在SCOPUS科技论文摘要数据库中,以"positive psychology"(积极心理学)为搜索词,在"关键词、标题、摘要和参考文献"中搜索2000—2018年发表的文章(如图1-5所示),可以看到,进入21世纪后,积极心理学领域的文章数量急剧上升。

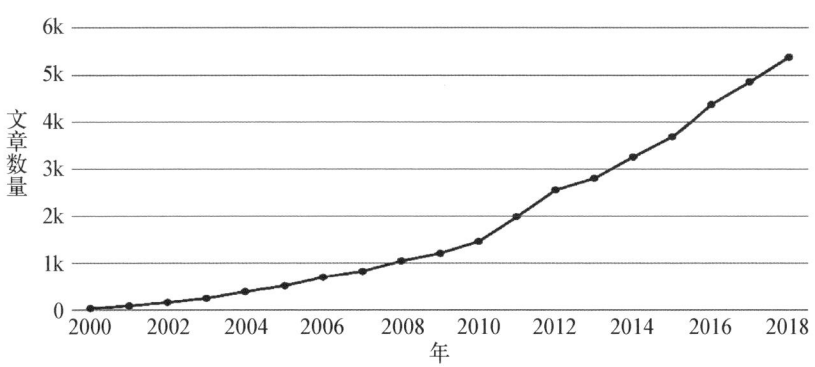

图1-5 2000—2018年积极心理学领域的文章数量折线图

二、积极心理学的宗旨

根据塞利格曼和契克森米哈赖的看法,积极心理学的宗旨包括三个方面:帮助个体发现存在的乐趣;帮助社会建设可持续发展的社会契约;帮助人类实现对人性更深刻的理解。

1. 帮助个体发现存在的乐趣

存在的乐趣分为三个层次:舒适的生活、发挥潜能的生活和有意义的生活。在第一个层次上,人们追求的是避免劳苦,增加闲暇,减少痛苦,增加欢乐,寻求金钱、地位、舒适和刺激。在第二个层次上,人们追求的是通过迎接挑战和克服困难,不断锻炼自身能力,发展优势特长,满足个人兴趣,增强灵活性和适应性,发展出高度的心理复杂性。在第三个层次上,人们追求的是超越自我利益,关注他人福祉,融入更宏大的社会体系之中,作出自己的贡献。

积极心理学关心如何最大限度地提高个人心理复杂性,实现其潜能发展,使个人更好地应对自然和社会。积极心理学旨在帮助人们发现存在的乐趣并逐渐提升追求幸福的层次。正如柏拉图(Plato)所说:"人生并非不要快乐,而是要学会从正确的事情中找寻快乐。"

课堂练习1-1　三个层次的生活

图1-6存在乐趣金字塔代表了生活的三个层次,请你将自己想要追求的目标填入对应的层次中,并思考一下为了达到这些目标,你打算做些什么?

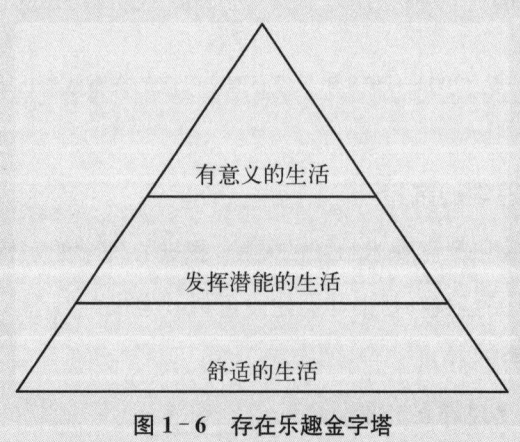

图1-6　存在乐趣金字塔

2. 帮助社会建设可持续发展的社会契约

在宏观的社会制度层面,零和游戏①中的竞争模型更多地鼓励自私,而双赢模型(例如 A 公司通过为 B 公司搭建赚钱平台而赚钱,或者一个人通过缓解另一个人的烦恼而感受到自己存在的意义)则更多地鼓励合作和关爱。积极心理学关注如何才能设计出有利于成员之间更多双赢关系的社会契约。

在微观的组织制度层面,员工的辛劳工作不应仅仅为了赚取赖以谋生的薪资,还需要从工作中获得尊重、自豪感、关爱和乐趣以及意义感。积极心理学需要回答,什么样的集体环境更有利于实现这些目标。

3. 帮助人类实现对人性更深刻的理解

人是什么?人类向何处去?这些都是关于人的可能性的基本问题。

在积极心理学看来,人性不只是一种规定性,更是一种可能性。那么,人可能成为什么?如何创造更完善、更繁荣的人性发展条件呢?

人性的演化受基因和社会环境的双重束缚。

生物层面的基因操纵人性的表达。基因的终极目标是最大数量的自我复制。为实现此目标,基因可以完全不顾及承载者的整体福祉。例如,一个 15 岁女孩由于一段浪漫关系而成为未婚妈妈,这可能破坏了她个人原来的生涯规划,但却符合基因自我复制的利益;一个想要减肥的人因难以抵抗食物的诱惑变得越来越胖,这虽然破坏了减肥计划,却有利于基因的自我复制。

文化层面的社会环境潜移默化地塑造着人性。社会环境更多地鼓励个体投身于有利于集体利益增长的事业,而不在乎个体的压力与焦虑。例如,一个在成功学文化熏陶下成长起来的年轻人,可能会为了车贷、房贷、彩礼以及面子、排场等而疲于奔命。这虽然有利于经济增长,却有损个人舒适。

契克森米哈赖主张,个体应该用警惕的、审视的态度对待基因和社会环境

---

① 零和游戏是指参与博弈的各方在严格竞争中,一方的收益必然意味着另一方的损失,博弈各方的收益和损失相加总和永远为"零",例如赌博等。——编者注

的双重束缚，追寻更自由的人性发展路径。积极心理学关注的是，如何摆脱基因和社会环境的双重束缚，为人性发展的可能性提供更好的指引，使人性向更美好、更完善、更繁荣的境界演化。

三、积极心理学的内容体系

本书的内容体系设计力求覆盖21世纪前20年积极心理学的最新进展，包括重要的理论模型、研究发现和生活启示。此外，本书选取了有深厚理论基础和研究证据的内容。

- 积极的自我

如何才能拥有自尊、自信的心态？你需要警惕社会比较、物质主义、完美主义对自尊的威胁，减少对他人态度的在意。你需要勾勒出未来确有可能实现的理想自我，把挑战和失败当作经验和反馈，而不是当作自我优劣的证明。你需要走出一条"为了人"而非"超越人"的自卑克服之路。你还需要重新反思自己的人生追求，如何才是值得过的有价值的一生。

- 积极的品格

人类有哪些积极的品格优势？品格优势有何功能？如何识别和运用自身的品格优势？如何在工作、婚姻和家庭生活中识别和运用品格优势？心理学家克里斯托弗·彼得森（Christopher Peterson）等经过大规模的系统研究，归纳了六大类二十四项具体的品格优势，对人类优点的分类体系提出了最有影响力的观点。

- 积极的认知

什么是乐观？乐观对生活有哪些影响？心理学家塞利格曼指出，乐观者对好事和坏事的解释风格与悲观者不同，可以利用不合理信念的辩驳技术使自己变得更乐观。什么是智慧？如何增进个人的智慧？德国马克斯·普朗克人类发展研究所的心理学家保罗·巴尔特斯（Paul Baltes）描绘了智者的特征，并提出了一些增进智慧的办法。

- 积极的情绪

从进化角度看,消极情绪与积极情绪各有什么功能?积极情绪越多越好吗?消极情绪可以为零吗?积极情绪和消极情绪的最佳配比是多少?怎样增加积极情绪和减少消极情绪?积极情绪有哪十种类型?

- 积极的体验

亚瑟·叔本华(Arthur Schopenhauer)认为,人的欲望得不到满足就会陷入焦虑,而欲望满足之后又会感到无聊,所以人生就是在焦虑和无聊之间摇摆。心理学家契克森米哈赖提出了一种打破"叔本华诅咒"的新型人生体验——沉浸体验,也就是我们在有些活动中感受到的全神贯注、沉浸其中、浑然忘我的美好状态。契克森米哈赖描绘了沉浸体验的五个条件性特征和三个体验性特征,指出经常身处沉浸体验的人更可能走向心理复杂性增长之路,为我们在工作、家庭生活和休闲活动中获得沉浸体验提出了建议。

- 积极的发展

当我们致力于修复青少年的问题时,总是收效甚微。只有转而致力于培育青少年的积极品质,才会事半功倍。心理学家理查德·勒纳(Richard Lerner)等人的一系列研究发现,积极品质的发育,就像身体肌肉的发育一样,遵循用进废退的原则。青少年只有在兼具自主性和挑战性的活动里,才会主动使用其积极品质,这些积极品质在使用后会继续增长。成人社会可以应用这些原理,策划富含"营养"的活动,创设积极的发展环境,促进青少年的积极发展。

- 积极的人际互动

我们为了让自己的心灵免受外界的伤害,逐渐发展出冷漠的保护壳。这层壳在保护我们免受伤害的同时,也让我们难以感受到世间的美好。心理学家弗雷德里克森等发展出的慈心冥想技术能够帮我们褪去心灵的角质层,重新变得温润,充满关爱。

两个人相处时，最美好的一种状态是心灵的同频，这种状态被称为积极性共鸣。

当亲友遇到好事时，我们如何表现？是否表现得消极、冷漠、被动，或者充满嫉妒？当我们与他人进行人际互动时，会有不同的回应风格，积极主动的回应有益于提升爱和友谊。

工作环境会影响工作者的效率和工作者之间的协作质量。如何设计积极的工作环境，能够让身处其中的工作者不只是赚钱谋生，还能从工作中获得乐趣、自尊、自主感和效能感，以及存在的意义和价值？

爱是一种吸引人际交往的、美好的社会情感。斯滕伯格（Robert J. Sternberg）揭示了爱的三种成分，并根据这三种成分的不同组合提出了爱情的八种类型。

我们在与他人交往的时候难免会发生人际冲突，而宽容可以让人获得内心的释然，对人际关系和身心健康产生积极的影响。罗伯特·恩莱特（Robert Enright）提出的四阶段宽容治疗过程模型可以帮助我们实现宽容。

- 积极的疗法

因为病理心理学致力于把心理障碍患者－10分的精神生活修复回0分，所以强调针对不同的心理问题，采用不同的心理治疗方法。而积极心理学关心的是把普通人0分的精神生活提升到＋10分，所以发展出一些可以用于提高普通人精神生活品质的心理技术，尤其是乔·卡巴金（Jon Kabat-Zinn）的正念练习技术。这部分会介绍这种治疗方法。

- 在挫折中成长

风过竹林，竹子摇晃。每一次摇晃过后，都有短纤维断裂，长纤维重新生长。人的心灵在挫折之后也会有类似的表现。在遭遇命运打击或挫折事件以后，有的人会精神失常，有的人会一蹶不振，有的人会逐渐复原，还有的人则会挫而弥坚。这部分内容阐释了心理韧性的原理，并提出了增强心理韧性的建议。

- 意志的力量

有的人随波逐流,消极被动,有的人偶尔雄心壮志,但只是"三分钟热度"。这部分内容旨在帮助人摆脱上述误区,从被动的人生转向主动的人生。我们可以通过训练来提升自己的意志力,还可以通过一些巧妙的办法减少自我控制资源的损耗。心理学家们还提出了很多策略,帮助人们追寻目标和实现计划。

- 幸福的科学

幸福是人类生活的终极追求,但是很少有人能说清楚幸福究竟是什么。本-沙哈尔提出了"幸福模型",塞利格曼则描绘了幸福的五个要素。还有很多心理科学实验证据,为我们揭示了金钱和幸福之间的真正关系。

课堂练习1-2　积极心态

本书涉及以下十一个积极心理学的主题和三个方面的积极心态,你认为哪个主题的知识可以促进哪个方面的积极心态?用线连一连。

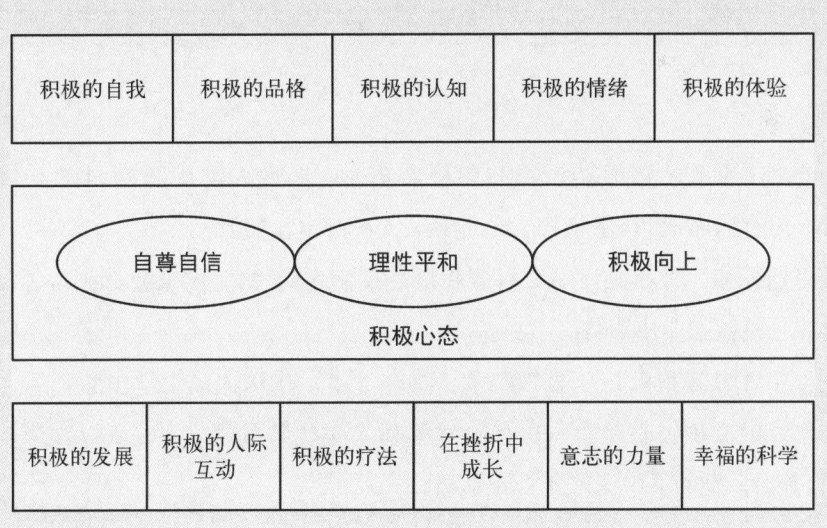

实践作业 1-1 课程期望

你期望在课程中收获什么？

课 程 主 题	你期望自己有哪些变化
积极的自我	
积极的品格	
积极的认知	
积极的情绪	
积极的体验	
积极的发展	
积极的人际互动	
积极的疗法	
在挫折中成长	
意志的力量	
幸福的科学	

拓展阅读

➢ 斯奈德,沙恩·洛佩斯,2013. 积极心理学：探索人类优势的科学与实践[M]. 王彦,席居哲,王艳梅,译. 北京：人民邮电出版社.

➢ 克里斯托弗·彼得森,2016. 打开积极心理学之门[M]. 侯玉波,王非,等,译. 北京：机械工业出版社.

➢ 刘翔平,2019. 积极心理学(第2版)[M]. 北京：中国人民大学出版社.

➢ 卡尔,2013. 积极心理学——有关幸福和人类优势的科学(第2版)[M]. 丁丹,等,译. 北京：中国轻工业出版社.

思考题

1. 为什么病理心理学比积极心理学更早受到关注?
2. 举例说明输赢关系和双赢关系的制度或环境。
3. 个人精神繁荣和最佳体验的内涵是什么?
4. 举例说出三个层次的存在的乐趣。
5. 积极心理学与人本主义心理学有哪些关联和不同?
6. 积极心理学与心灵鸡汤有什么不同?
7. 积极心理学的应用有特定的适用对象吗?
8. 积极心理学是否意味着只关注事情的积极面?
9. 积极心理学是一门学科吗?它会消失吗?
10. 积极心理学的内容体系包括哪些?
11. 如何理解基因和社会环境的双重控制?

第二章

积极的自我

> **学习目标**
> ☞ 了解自尊的升降原理
> ☞ 掌握提升自尊的方法
> ☞ 形成自尊的心态

在某知名电商的图书销量排行榜上,心理学家阿尔弗雷德·阿德勒(Alfred Adler)的著作《自卑与超越》长期占据心理学类图书的销量榜首。显然,自卑是人们普遍关注的话题,社会大众迫切需要心理学提供科学的原理和可行的办法来帮助人们建构积极的自我。

积极的自我会让人走向自尊和自信,能够令人满怀希望地迎接挑战,幸福生活;而消极的自我会让人变得自卑或自负,在人生道路上不能作出合适的选择,容易出现抑郁和焦虑的情绪。

本章将教你采用积极的做法,应对消极的威胁,从而让你走向自尊和自信。

一、自尊的内涵与作用

1. 自尊的内涵

根据心理学家威廉·詹姆斯(William James)和莫里斯·罗森伯格

(Morris Rosenberg)等的看法,自尊(self-esteem)是个人对自己的较稳定的评价,它表达了对自己的肯定或否定的态度,表明个人在多大程度上相信自己是有能力的、重要的、成功的和有价值的。在理解自尊的内涵时要注意以下三点。

第一,自尊是人对自身价值的反思。

第二,在一段时期内相对稳定,但也受个人生活经验影响而缓慢变化。

第三,自我判断标准受现实自我与期望自我之间差距的影响。

2. 自尊自测

表2-1是一些关于自我评价的句子,请根据自己的实际情况在相应的格子内画"√"。

表 2-1 自尊问卷

	非常不符合	不符合	符合	非常符合
1. 我感到自己是一个有价值的人,至少与他人在同一水平上				
2. 我感到自己有许多好的品质				
3. 归根结底,我倾向于觉得自己是个失败者				
4. 我能像大多数人一样把事情做好				
5. 我感到自己值得自豪的地方不多				
6. 我对自己持肯定态度				
7. 总的来说,我对自己是满意的				
8. 我希望我能为自己赢得更多尊重				
9. 我确实时常感到自己毫无用处				
10. 我时常认为自己一无是处				

问卷来源:汪向东,王希林,马弘(1999)

*计分方式:

第1,2,4,6,7,8题,选择"非常不符合"记1分,"不符合"记2分,"符合"记3分,"非常符合"记4分。

第3,5,9,10题,选择"非常不符合"记4分,"不符合"记3分,"符合"记2分,"非常符合"记1分。

自尊得分即10道题的分值相加,总分范围是10—40分,分值越高,说明自尊水平越高。

你可以将自己的分数与表2-2中的分数标准对照,判断自己自尊水平的高低。

表2-2 自尊水平的判断

自 尊 水 平	分数(M)范围
较高	35＜M≤40
中等	25≤M≤35
较低	10≤M＜25

3. 自尊的作用

高自尊水平对于人们的幸福感、面对失败时采用的策略、学业成功、人际交往、社会适应等方面都有积极的作用。

(1) 高自尊水平有利于维持幸福感

高自尊水平的人会有更高的生活满意度,更多的积极情绪体验。

(2) 高自尊水平的人面对挫折和困难时选择的策略更灵活,更具适应力

面对挫折和困难时,高自尊水平的人仍能保持理性,迎接挫折和困难带来的挑战,选择积极的方案解决问题或寻求帮助,能够更灵活地在坚持目标、放弃目标和改变目标之间作出合理的选择。低自尊水平的人容易在该坚持的时候放弃努力,而在该改变目标的时候却绝望地坚持。

(3) 高自尊水平有利于内在动机与学业成就

高自尊水平的人有更高的抱负,倾向于依靠内在动机学习,这有助于目标的达成。高自尊水平的人也更愿意面对最初的失败,不轻易陷入自我怀疑或习得性无助。高自尊水平可以增强人们解决困难的信心,使人们从进步和成功中获得满足感。

(4) 高自尊水平有利于人际交往

高自尊水平的人在人际交往中显得更乐观、开朗,愿意主动与别人沟通、交流,关心他人,尊重他人,有更好的沟通能力与技巧,乐于在群体中展现自

己,而且倾向于主动扩大交往范围。

二、自尊的威胁

1. 对他人反馈的依赖

马克·利瑞(Mark Leary)提出的自尊的社会计量器理论认为,自尊就好像是记录他人态度的计量器。当他人对我们表现出接纳和喜欢的态度时,我们的自尊水平上升,并引发愉悦、满足等积极情绪;而当他人对我们表现出拒绝和排斥的态度时,我们的自尊水平则下降,并引发焦虑、沮丧等消极情绪(如图2-1所示)。

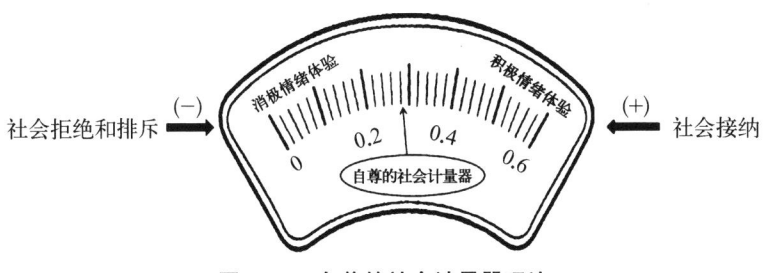

图2-1 自尊的社会计量器理论

这一理论的现实启示是:

第一,他人的态度经常会影响自尊。

第二,越是在乎他人的态度,自尊水平的波动就会越大,所以应该避免过分在意他人的态度。

第三,即使自尊水平因为他人的消极态度而下降,也不必停滞在消极情绪之中,而应该积极行动起来,做更多有益于改变他人态度的事情。

专栏2-1 科学发现

2011年,陈以欣(Yi-Hsin Chen)等考察了三至六年级的学生对教

> 师口头反馈的感知及其与学生自我概念之间的关系。
>
> 教师口头反馈分为四种：学业领域的积极反馈、学业领域的消极反馈、非学业领域的积极反馈和非学业领域的消极反馈。
>
> 学生的自我概念包括一般自我概念（例如，总的来说，我很喜欢我自己）、学业自我概念（例如，大家经常表扬我的成绩）与非学业自我概念（例如，当同学遇到困难时，他们喜欢让我来帮助他们）。
>
> 结果发现，教师的口头反馈越积极，学生的自我概念也越积极。相反，教师的消极反馈会降低学生的自我概念。
>
> 资料来源：Chen, Thompson, Kromerey, & Chang (2011)

2. 与他人进行社会比较

利昂·费斯汀格（Leon Festinger）提出的社会比较理论认为，人们会通过与他人的比较来实现对自我的评价。按照社会比较方向，可以将社会比较分为上行社会比较和下行社会比较，两者的内涵及影响如下。

上行社会比较是指人们与高于自己的人进行比较。上行社会比较又分为两种情况：一种是，当人们认为自己努力后能够达到上行社会比较对象的水平时，会感到受激励，产生行动的意愿，从而提升了自我评价；另一种是，如果人们认为即使自己努力也不能达到上行社会比较对象的水平时，则会产生自卑感，产生消极的自我评价。因此，教师和家长不宜给学生设置过高的榜样目标，要针对不同学生的现实水平去设定可接近的榜样，让学生感到能够通过努力达到其水平，否则会适得其反。

下行社会比较是指人们与低于自己的人进行比较。当人们觉得自己好于下行社会比较对象时，就会提升自我评价。进行下行社会比较或许能够在短期内维护人们的自尊水平，但是从长期来看，它可能会导致人们认同低水平自我，降低人们成长的动力（Gibbons, Blanton, Gerrard, Buunk, & Eggleston, 2000）。

因此,我们要多与那些略优于自己,并经过努力可以达到的人们进行比较,从而受到激励,产生行动计划。

课堂练习 2-1　三种社会比较

请思考在学业、运动、身材、社交、艺术、财富方面,哪些是你努力也赶不上的人,哪些是你努力能赶上的人,哪些是不如你的人,请把他/她的姓名缩写填在表 2-3 对应的格子内。

表 2-3　在不同领域和他人进行比较

与他人比较的结果	领域					
	学业	运动	身材	社交	艺术	财富
你努力也赶不上的人						
你努力能赶上的人						
不如你的人						

接下来,请聚焦于表 2-3 中那些"你努力能赶上的人",写出你的行动计划。

学业进步计划:＿＿＿＿＿＿＿＿＿＿＿＿＿＿＿＿＿＿＿＿＿

运动提高计划:＿＿＿＿＿＿＿＿＿＿＿＿＿＿＿＿＿＿＿＿＿

身材改善计划:＿＿＿＿＿＿＿＿＿＿＿＿＿＿＿＿＿＿＿＿＿

社交拓展计划:＿＿＿＿＿＿＿＿＿＿＿＿＿＿＿＿＿＿＿＿＿

艺术修养计划:＿＿＿＿＿＿＿＿＿＿＿＿＿＿＿＿＿＿＿＿＿

财富增长计划:＿＿＿＿＿＿＿＿＿＿＿＿＿＿＿＿＿＿＿＿＿

3. 物质主义

(1) 什么是物质主义

物质主义是一种重视物质利益,忽视精神生活的态度。物质主义者将获得实际利益看作个人生活的主要目标和获得人生幸福的主要手段。

物质主义者的行为方式有以下特点：第一，他们喜欢攀比，希望比身边的人更加富有，或者至少显得一样富有；第二，他们往往更自私，以自我为中心，占有欲强；第三，不甘于接受平凡而朴素的生活，向往富足甚至奢靡的人生，有时为达到目的而不择手段；第四，他们不太注重财富以外的东西，如丰富的自我精神生活，建立与维持人际关系，以及建设与发展个人美德等。他们在追逐利益时常常忽视周围人的心情和感受。

（2）物质主义对自尊的影响

物质主义的价值观对个人的身心健康发展会造成诸多危害。物质主义者通常有更低的自尊和幸福感，更高的消极情绪和焦虑指数等。

高自尊者和低自尊者对物质财富的理解是不同的。高自尊者能积极地看待和评价自己，不需要通过物质财富证明自己；相反，低自尊者总是对自己的价值、形象和地位等表示怀疑，因而渴望通过外界对自己的赞许和尊重来肯定自己，通过努力积累更多的物质财富来弥补自尊的缺陷。

所以，只有减弱物质主义倾向，才可能提高人的自尊。

4. 完美主义

完美主义是指要求自我或环境达到尽善尽美的过高期望。完美主义者认为，达不到高标准则意味着自己不够好或没有价值，进而形成低自尊。

（1）完美主义者的三种类型

第一种是自我高标者，要求自己将所有事情做得尽善尽美，对自己有很高的期望。

第二种是苛求他人者，期望他人完美无缺，难以接纳别人的弱点和错误。

第三种是寻求赞许者，努力去满足别人的期望，很怕别人对自己有一点负面印象。

（2）完美主义者的常见特征

- 对自我的评价过于依赖成功和成就。

- 经常进行自我批评。
- 过分恐惧失败。
- 采用两极化(all-or-none)的思考。
- 把"希望实现的"当作"必须实现的"。
- 过分忧虑未能实现的目标,忽视已经实现的目标。
- 很难为自己的成就感到自豪。
- 把平凡和普通看作可耻。
- 对于每个问题,都必须找到一个完美无缺的解决方法。

(3) 完美主义的危害

完美主义的思维方式会带来两种危害。一方面,完美主义者可能因为自己或环境不尽完美而陷入消极情绪;另一方面,完美主义者可能因为不切实际的目标而丧失信心和行动的激情,变得止步不前,容易拖延、逃避或放弃。很多研究发现,完美主义容易诱发厌食症、强迫型人格障碍、抑郁、社交焦虑等多种心理障碍。

专栏 2-2 科学发现

女性如何看待自己的身体?

弗雷德里克森和罗伯茨(Fredrickson & Roberts, 1997)提出的客体化理论认为,由于周围人或媒体对女性身体过多地品头论足,导致有些女性也从第三人称,即观察者视角来评论自己身体的优缺点(如"我的身体看上去怎么样?"),而不是从第一人称的视角看待自己的身体(如"我的身体感觉舒适吗?")。这种第三人称视角,使得女性没有把自己当作感受的主体,而是把自己当作被审视、利用、评论的客体。这种现象被

> 称为自我客体化(self-objectification)。自我客体化会导致女性消极的感受,如羞耻、焦虑、难以投入地生活、对健康缺乏关注、进食障碍、抑郁等。
>
> 资料来源:Fredrickson & Roberts(1997)

5. 自恋——另一种极端

(1) 自恋的含义

自恋(narcissism)一词源于希腊神话,英俊的少年那喀索斯(Narcissus)深深迷恋水中自己的倒影,最终化成一朵水仙花。因此,心理学家以"narcissus"这个词来形容那些注意力过分集中于自身的人。自恋者经常表现出的特点包括:

- 权威感,认为自己具有领袖气质与才能,并希望他人服从自己的领导。
- 自我满足,认为自己完全不需别人的帮助。
- 优越感,认为自己是非凡的、特殊的,应该得到他人的褒奖与钦佩。
- 自我表现欲,喜欢卖弄自己的才能,并渴望获得他人的关注。
- 剥削性,认为自己善于利用、操纵他人,并喜欢利用、操纵他人。
- 虚荣心,迷恋并且喜欢展示自己的外貌。
- 特权感,认为自己配得上特权,渴望获得比其他人更多的权利。

(2) 自恋的危害

● 自恋者的自尊心更差

自恋者具有较高水平的神经质和较差的情绪稳定性,更容易受负面事件的消极影响。过多的自我关注会导致较低水平的自尊,较差的自尊稳定性和较差的自我控制力。

- 自恋破坏人际交往质量

自恋者有更强的攻击性。受到挫折、威胁时，他们的反应更加激烈，更可能采用贬低、惩罚与敌对等手段作为回应。自恋者共情性关心和观点采择的能力低，较少关心别人，难以和其他人建立平等的关系，很少对别人的努力予以积极的反馈。

- 自恋增加风险行为

自恋者偏好高度满足与强烈快感的刺激，容易出现过度消费行为、病态赌博行为、酒精成瘾行为、高风险逐利行为、攻击行为等。自恋者的过分自信和较差的自我控制能力，使得他们过于相信自己会作出正确的决策。

三、自尊的维护

1. 从条件性自尊到无条件自尊

自我决定理论的创立者爱德华·L. 德西（Edward L. Deci）区分了人们通常持有的两种不同的关于自尊的信念：条件性自尊和无条件自尊。

条件性自尊是指，仅当自己的行为或成就达到了自我设定的优秀标准或符合他人的期望时，人们才感到自己是有价值的。人们自我设定的优秀标准经常是社会文化的内化，例如美丽、卓越、成功、富有、婚恋状态稳定、子女优秀等观念。条件性自尊代表了为维护或增长自我价值所必须胜任的事情或实现的目标。

无条件自尊是指，自我价值并不取决于是否达到某种客观的优秀标准或自我设定的优秀标准。持有无条件自尊信念的人不会因生活事件的变化而影响其自尊，他们对自我价值有充分的了解，无须通过外在的标准去巩固或检验自己，他们相信自己的直觉和判断，相信自己正在做有价值的事情，这些信念很少受成败经历或他人反馈的影响。

无条件自尊者和条件性自尊者的差异可以表现在行为动机、行为结果和内部观念三个方面（详见表 2-4）。

表 2-4　无条件自尊者与条件性自尊者的差异

	无条件自尊者	条件性自尊者
行动动机	不太关注自尊本身,行为动机是满足更高层次的基本心理需要,包括自主、胜任、关联	以自尊本身为行动目标,行动是为了维护或增强自我价值感
行为后果	消极反馈或失败经历仅仅提示自己需要调整行动目标或改善行动策略	消极反馈或失败经历会令其对自己感到失望,认为自己是无价值的
内部观念	充分地接纳自我,拥有明确而稳定的自我价值信念,自尊水平不依赖于外部反馈	倾向于依赖外部评价衡量自我的价值,缺少明确而稳定的关于自我价值感的内部信念

条件性自尊是一种脆弱的自尊,会导致过度依赖外部评价或结果,过分追求他人认可,更容易遭受负面经验的伤害。其外部依赖性特征会对自主性、人际关系、自我调节和身心健康造成消极的影响。

无条件自尊意味着更深刻的自我理解。他们相信自己在做有价值、有意义的事情,致力于提升自己对事情的胜任感,努力做自己喜欢的事,把自己的命运和更广泛的范畴联系在一起,追求满足自主、胜任、关联的更高层次的基本心理需求。

从条件性自尊转变为无条件自尊,有益于维护自尊,提升人们的自我价值感。

课堂练习 2-2　无条件自尊者和条件性自尊者持有的想法

请根据无条件自尊和条件性自尊的特点,想象一下,无条件自尊者和条件性自尊者在学业、运动、身材、社交、艺术和家庭六个方面会持有怎样的想法,填写在表 2-5 中。

表 2-5　无条件自尊者与条件性自尊者持有的想法

	无条件自尊者持有的想法	条件性自尊者持有的想法
学业	虽然/即使/尽管_____ 我仍然感到自己_____	如果/只有_____ 我才感到自己_____
运动	虽然/即使/尽管_____ 我仍然感到自己_____	如果/只有_____ 我才感到自己_____
身材	虽然/即使/尽管_____ 我仍然感到自己_____	如果/只有_____ 我才感到自己_____
社交	虽然/即使/尽管_____ 我仍然感到自己_____	如果/只有_____ 我才感到自己_____
艺术	虽然/即使/尽管_____ 我仍然感到自己_____	如果/只有_____ 我才感到自己_____
家庭	虽然/即使/尽管_____ 我仍然感到自己_____	如果/只有_____ 我才感到自己_____

2. 理想自我与实际自我的交汇

(1) 三种未来自我

马库斯和纽瑞尔斯(Markus & Nurius,1986)提出可能自我的概念,它包含在人们关于未来自我的描述中,它是人们对于自我未来形象、潜力和定位的一种描述。它可被划分为三个部分,分别为理想自我、预期自我和恐惧自我。

- 理想自我

理想自我是人们最希望成为的样子(理想的样子),比如成为艺术家、科学家、运动达人、团体领袖。

- 预期自我

预期自我是人们认为实际上最可能成为(大概率会成为)的样子,比如成为平面设计职员、教师、休闲锻炼者、团体一员。

- 恐惧自我

恐惧自我是人们害怕成为的样子,比如成为失业者、病人、受排斥的孤独者。

(2) 让未来的可能自我变得更积极

如果缺乏对理想自我的勾勒,那么在生活中由于缺乏理想和憧憬,容易动力不足。

如果一味沉迷于理想自我,不考虑现实可能性,那么虚无缥缈的理想自我不能演变为当下行动的动力。

如果一味沉迷于恐惧自我,对未来充满忧虑,那么容易消极、颓废、悲伤、泄气。

最佳的可能自我的勾勒策略有两种:一是积极寻求理想自我和预期自我的交叉点,并据此制订目标追寻计划;二是注意寻找恐惧自我与预期自我的交叉点,并据此制订损失规避计划。制订上述计划时要注意以下要点:

- 理想自我要明显高于当前实际自我。
- 勾勒的预期自我应该是能够实现的,而不是空洞幻想的。
- 既有理想自我,也有恐惧自我,并考虑实现理想自我和规避恐惧自我的策略。
- 理想自我的内容既应该是对自己重要的、有意义的,也应该是受社会认可的。
- 目标追寻计划和损失规避计划的内容重点是自己的具体行动方式、路径、策略,不应该过多依赖外部条件或运气。

3. 从固化型自我走向增长型自我

(1) 两种自我观念

心理学家卡罗尔·S. 德韦克(Carol S. Dweck)认为,根据人们对自我可变性的看法,可以把人们持有的自我观念分为两种:固化型自我观(又称实体理论,entity theory)和增长型自我观(又称增长理论,incremental theory)。

固化型自我观是静态的、不可改变的自我信念,固化型自我观使人们刻板地判断自己和他人的能力,否定通过努力可以挖掘更多潜能。持固化型自我观的人认为,自我是由基因决定的。如果一个人天生聪慧且人格完善,那么他随随便便就能成功并被所有人喜欢;相反,如果一个人天生智商低,能力差,那么他付出再多努力,也会一败涂地、一文不名。挑战、挫折和失败会严重伤害他们的自尊,是他们避之不及的。

增长型自我观是动态的、可成长的自我信念。增长型自我观激励人们不断学习新知识,面对新问题,以动态发展而非固化刻板的眼光去看待人。持增长型自我观的人相信自我不是一成不变的,而是可以通过学习和努力得到发展和完善的。因此,他们会全身心地投入,挑战困难并坚持到底,将每一次挑战视为学习和提高的机会,并在不断掌握新知识和解决新问题的过程中体会到自尊。

固化型自我观和增长型自我观的不同思维模式如表 2-6 所示。

表 2-6 固化型自我观与增长型自我观的思维模式

固化型自我观的思维模式	增长型自我观的思维模式
我的能力与生俱来 我往往对现状感到无能为力 我反感批评 我乐于待在舒适区 我拒绝接受有难度的工作 遭遇挫折,我会选择放弃 失败会证明我不够优秀 他人的成功是对我的威胁 拿到文凭就不用再学习了	我可以靠努力提升能力 我认为万事皆有可能 批评对我很宝贵 我喜欢探索新事物 我乐于挑战更难的任务 即使遭遇挫折,我也会坚持不懈 每次失败都是宝贵的一课 他人的成功激励了我 我应该终身学习

(2) 两种自我观念对动机的影响

不同的自我观念会影响人对目标的选择,进而影响其动机模式。

持固化型自我观的人倾向于以业绩为目标(performance goals),他们只在乎结果而不在乎过程,只有获得成就才能证明自己很聪明,也能避免质疑和批评;持增长型自我观的人则倾向于以学习为目标(learning goals),他们注重过程,认为只有通过学习和努力才能提高能力。

不同的目标又进一步导致了两种不同的动机模式:无助模式(helpless patterns)和掌握定向模式(mastery-oriented patterns)。以业绩为目标的人面临困难时会出现自我贬低,期望降低,否定性情绪和坚持性降低等一系列反应,他们往往会放弃努力,这种动机模式被称为无助模式。而同样的境况下,以学习为目标的人往往会选择坚持并更加努力,这种动机模式被称为掌握定向模式。相比无助模式,掌握定向模式更有助于人们取得成就。成就目标动机模型如图 2-2 所示。

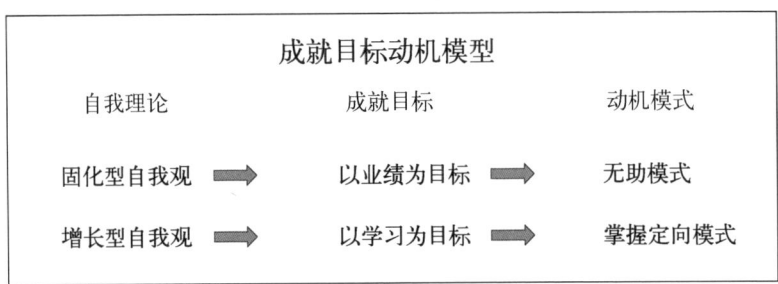

图 2-2 成就目标动机模型

(3) 两种自我观念对其他领域的影响

自我观念也会影响人际互动风格。持固化型自我观的人关注自我验证,希望不断巩固在同伴中的地位,当社交遭遇挫折时,固化型自我观会使人做出消极归因,轻易放弃与他人继续建立和维护关系的努力。而增长型自我观会使人关注成长,遭到拒绝时,他们会积极地寻找自身不足,做出更多的适应性行为,所以增长型自我观会让人拥有更和谐的人际关系。

(4) 走向增长型自我的方法

心理学家德韦克提出,通过下面四个步骤,可以改变思维模式,从固化型自我走向增长型自我。

- 第一步：接纳固化型自我的存在

每个人的自我都是固化型自我和增长型自我的混合体，没必要为固化型自我的存在而羞愧，更没必要遮遮掩掩。首先，要接纳在自我中存在固化型自我的事实。接纳不等于赞同和放任，接纳是改变的第一步。

- 第二步：观察固化型自我

试着去了解固化型自我。可以问自己以下几个问题：

我的固化型自我通常会在哪些情况下出现？（答案可能是，面对难度较大的新挑战时，持续努力却进入瓶颈时，遭遇了巨大失败时，被拿来与同领域优秀的人比较时。）

我的固化型自我出现时，我会有哪些表现？我会如何看待自己和他人？

回忆一下，我的固化型自我最近一次出现是因为什么事件？

这些问题会帮助我们了解自己的固化型自我产生的原因。

- 第三步：为固化型自我命名

为我们的固化型自我起个名字。想象它是我们家庭新发现的一个成员，这有助于我们没有负担地提及它，谈论它，进而更加全面地了解它。

想一想，你会给你的固化型自我起个什么样的名字呢？

- 第四步：劝说你的固化型自我

现在，我们已经接受了自己的固化型自我，对它有了基本的了解，又给它起了名字，能够看见它并抓住它了，下一步要做的是"教育"它，让它下次登场时与增长型自我对话，跟增长型自我和谐相处，了解它带来的麻烦，承认增长型自我的好处，学会向增长型自我妥协。

4. 从自我挑剔走向自我慈悲

"躬自厚而薄责于人""责己重以周，待人轻以约""严以律己，宽以待人"……这些名言都传达出一种严格要求自己，宽厚对待他人的处事态度，这种态度的目的是与人为善并促进自我成长，但是这种态度一不留神就容易滑向自我挑剔的境地。过分的自我挑剔或自我贬损不利于形成客观、积极的自我观。

对自我的慈悲,意味着接纳自己的不足和缺点,尊重自己作为一个完整却不完美的人。自我慈悲能有效地帮助人应对威胁自尊的负性事件,增强自我价值感。

内夫(Neff,2003)把自我慈悲分为三个成分:自我宽恕、普遍人性和自我观察。

(1) 自我宽恕

一个人在痛苦或失败的情况下给予自己仁慈和理解,而不是严厉地自责和批评,这就是自我宽恕。虽然自责在某种程度上能够帮助人改变,但是也容易引发消极的心理状态和不良的行为表现。相同情况下,不严厉批评自己并不代表忽视失败或将错误置之不理。用温柔和耐心鼓励自己,就像慈祥的奶奶鼓励弄倒了积木的孩子,这是更积极、健康的态度。

(2) 普遍人性

当遭遇那些容易导致自尊心下降的事件(例如受辱、失败、痛苦、失望等)时,我们要意识到,别人也可能遭遇过这些麻烦;当为自己的过错而自责时,我们要提醒自己,别人也会有这些念头、想法和过错。我们的一切缺点和过错都不是个人独有的,而是人类特性中内在具备的普遍可能性。

(3) 自我观察

不要把"我"和"我的缺点或错误"融合在一起。让"我"分离出来成为观察者,而"我的缺点或错误"只是被观察的对象。去觉察自己痛苦的想法和感觉,既不压抑、忽视它们,也不融入其中。在第一时间对自己的经历予以同情,既不回避,也不压抑痛苦的感受,要观察自己的内、外部经验,然后区分"想法"和"事实",对自己的失败和错误保持开放和接纳的态度。

自我慈悲的功能不是让我们沮丧、逃避,而是让我们积极行动;不是让我们回避人群,而是让我们积极联结;不是让我们耿耿于怀,而是让我们轻装上阵。

> **课堂练习 2-3　给自己的一封信**
>
> 以慈祥的奶奶对着因为弄倒积木而懊恼的孩子说话的语气,给自己写一封信,在信中运用上面的自我宽恕、普遍人性和自我观察的态度,谈论自己的弱点和做得不理想的事情,并且给自己温柔的理解、接纳和鼓励。
>
> _____
>
> _____
>
> _____

5. 自卑与超越之路

(1) 自卑情结

心理学家阿德勒认为,因为每个人总会在某些方面存在弱点,所以每个人都存在自卑感。个人和人类的进步都是受自卑感驱动的。他将这种普遍具有的,有驱动作用的自卑感,称为自卑情结。在阿德勒看来,自卑不是问题,错误的超越自卑的路径才是问题。

(2) 超越自卑的四条路径

每个人都企图超越自卑。不同的人选择不同的路径,路径选择的差异性会表现在生活态度和行为方式上,被阿德勒称为不同类型的生活风格。其中,支配统治型、依赖索取型和回避型都属于病态的生活风格,只有社会利益型才是健康的生活风格。

- 支配统治型

这种类型的人或者要通过刻苦努力把自己的弱项变成强项(例如,体弱者想锻炼成为搏击者,相貌平平者想美容成为貌美者),或者要通过其他领域的优势来补偿自己的弱势领域（例如，体弱者想成为足智多谋者，相貌平平者想成为多才多艺者）。无论上述的哪种情况，只要有一颗与人比较的争强好胜的心，就可能演化成支配统治型的生活风格——超越别人是为了藐视别人，支配别人，控制别人，甚至是利用别人，掠夺别人。

- 依赖索取型

这种类型的人不相信依靠自己的努力能超越别人，于是转而寻找可依赖的强者，尽可能从依赖对象那里获取自己想要的一切，使自己在依赖对象的庇荫下享受强者的幻象。

- 回避型

这种类型的人缺乏超越别人的信心，于是通过回避问题或回避人群的方式来避免失败感和自卑感。

- 社会利益型

这是一种健康的生活风格，这种类型的人有着浓厚的社会兴趣，将个人的价值感与人类社会的发展紧密联系在一起，从为别人作贡献的角度思考人生问题。在追求卓越的过程中，他们胸怀大爱且善于合作，乐于助人且不求回报，致力于奉献社会，追求人类的整体幸福。

每个人都有一种关爱他人与社会的潜能，这种潜能就是社会兴趣。具有社会兴趣的人，富有理解与同情他人的社会情感。人们通过心系他人，协同合作，奉献社会和关心人类命运共同体的方式来体现社会兴趣。这种社会兴趣不仅包括对当下社会生活的兴趣，还包括对未来美好理想社会的兴趣。

拥有社会兴趣使人们能够更好地处理人生问题，促进人类共同发展。每个人在生命中都需要面对三个问题。第一个问题，为了在自然界生存，人如何工作？第二个问题，为了共同发展，人如何与他人合作？第三个问题，为了世代延续，人如何建立和谐的两性关系？

（3）走向积极的超越之路

职业、人际关系和婚恋是人们必须面对的三大问题。只有具备社会兴趣，注重合作与奉献,才能顺利解决这三大问题,度过有意义的人生。

职业领域的积极超越意味着,通过自己的劳动,为客户提供有创意的、满意的服务,为同事提供所需的支持和良好的协同,为企业的发展贡献智慧和劳动。其职业行为不只是谋生,而是意义感的实现。

人际关系领域的积极超越意味着,不把他人视为竞争威胁或绊脚石,而是视为需要巧妙协同的伙伴,温暖善意的发出者和接收者。

婚恋领域的积极超越意味着,把两人之间的关系建立在平等、信任和责任的基础上,而不是建立在猜忌、顺从、支配和控制的基础上。尊重彼此的独特性,而不是逼迫对方转变为自己期望的样子。成全彼此的愿望,而不是强行压倒对方的意志。

课堂练习 2-4　三个领域的积极超越

设想一下,未来的人生道路上,如何在职业、人际关系和婚恋三个领域,用积极健康的方式超越自卑,写出你的一些具体打算:

职业领域:＿＿＿＿＿＿＿＿＿＿＿＿＿＿＿＿＿＿＿＿＿

人际交往领域:＿＿＿＿＿＿＿＿＿＿＿＿＿＿＿＿＿＿＿

婚恋领域:＿＿＿＿＿＿＿＿＿＿＿＿＿＿＿＿＿＿＿＿＿

---

6. 重构你的文化世界观

(1) 自尊是意义感的追寻和世界观的建设

自尊的深层内涵,既不是自己比别人强,也不是自己得到别人的尊敬,而是相信自己以有价值、有意义的方式度过一生。

人可能从两个方面看待自己生命的意义和价值。一个是具体的、实际的、物质的方面,例如赚取的金钱、种植的谷物、搬动的巨石、生产的物资、购买的商品、消费的东西、收藏的珍宝、生育的后代等;另一个是抽象的、符号化的、文化的方面,例如体验、创造、奉献、灵性、关爱、公正、自由、善良、美好、真理、知识、家族延续等。前者是从物质的角度看待世界,被称为物质世界观;后者是从文化的视角看待世界,被称为文化世界观。

裴多菲(Petöfi)在诗歌里说"生命诚可贵,爱情价更高,若为自由故,两者皆可抛",其中的生命就是物质世界观范畴里的存在,而爱情和自由则是看不见和摸不着的,属于文化世界观范畴里的存在。

由于物质世界观范畴里的事物必将随着人生的终结而丧失关联(想想古代有些国王为了避免丧失关联而要求仆人和妃子殉葬),所以每个人都企图去寻找文化世界观范畴里的自认为有价值的部分作为自己生命的意义。例如,中国古代人们修缮家谱,建造祠堂,供奉祖先,相信即使自己肉身死去也仍然会在后代供奉的族谱中作为一个永存的链条无尽延续,而开除族谱则是古代对犯大错者的严厉惩罚。

人在童年期一般不会有意识地思考生命意义和价值问题,但是从少年期以后,或者从意识到人之必死宿命以后,就会开始越来越多地思考生命意义和价值的问题。除了少数的极端物质主义者和虚无主义者,多数成年人都会从文化世界观的视角去选择值得自己追寻的目标和使用生命时光的方式。因此,潜意识中的"人之必死宿命"越是明确地上升到意识层面,人就越倾向于考虑短暂人生之意义和价值。

为了避免"必死宿命"引发的精神焦虑,在多数社会中,人们倾向于把死亡看作禁忌话题,不轻易提起。例如,把死亡相关的信息视为不吉利,从而禁止出现,或是在不得不提起的时候也采用"仙逝"或"走了"等避讳的表达方式。

(2) 恐惧管理理论中自尊的作用

恐惧管理理论(terror management theory, TMT)认为,自尊是一种对个人价值的评价和感受,即人们对自己生命的意义感和价值感的体会。恐惧管理理论深刻地描述和分析了自尊、文化世界观、焦虑、死亡意识四者之间的关系。高自尊水平的人能减少焦虑和焦虑相关的防御行为。低自尊水平的人或自尊受到威胁的人,因为担心暴露内心的恐惧,从而引发各种防御行为,并通过各种补偿性的行为提升自我价值感。

人们追求自尊不仅仅是为了摆脱他们正在经历的焦虑,更是为了逃避那种"人之必死宿命"的认识所带来的焦虑。自尊的作用是保护人们免受那种与生俱来的对死亡的恐惧所带来的焦虑,令自己相信其价值在死后仍然能在文化世界观的意义上得以延续。对死亡焦虑的抵御过程如图2-3所示。

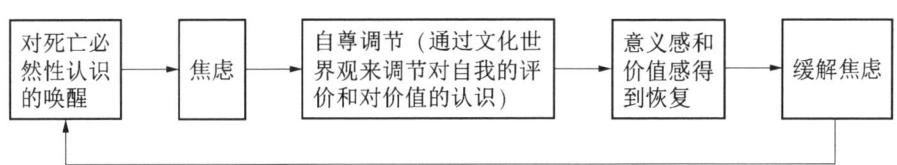

图2-3 对死亡焦虑的抵御过程

自尊就是感到自己的人生过得有价值,有意义,而价值和意义则来源于每个人与众不同的文化世界观。因此,如果一个人深信自己持有的文化世界观是正确的,并相信自己的行动是在遵守自己文化世界观的标准,那么他的自尊就能得以维持。例如,艺术表现之于画家高更,科学探索之于爱因斯坦,民族自由之于电影《勇敢的心》的主人公华莱士或者印度圣雄甘地,善行之于深入贫民窟助人的特蕾莎修女,这些都是其文化世界观的表现。

反之,如果一个人突然领悟自己过去奉行的文化世界观是错误的,或者原来奉行的文化世界观遭到了别人的有力批判,那么自尊就会产生重大波动,可能会考虑重新选择和建设其他方面的文化世界观。例如,一位邪教信徒,原来一直深信自己按照邪教教义而花费的生命时光是有价值的,幡然醒悟之后会感到自尊深受打击;一个深信人生是财富、刺激、享受的极端物质主义者,想到死亡将至时会忽然感到文化世界观的缺失;一个战争中狂热的战犯,在战后会为自己的行为感到内疚和后悔等,这些都是文化世界观失效的表现。

课堂练习 2-5　描绘你的文化世界观

假设未来的生命时光里,你总计还剩余 100 份精力,你会把其中的多少份花在下面的事情上呢?(请注意下面各行相加之和必须是 100%。)

A. 为了谋生或致富而花费的精力占＿＿＿＿％;

B. 为了享受物质财富而花费的精力占＿＿＿＿％;

C. 为了亲人或家族而花费的精力占＿＿＿＿％;

D. 为了审美或创造美而花费的精力占＿＿＿＿％;

E. 为了服务社会民众而花费的精力占＿＿＿＿％;

F. 为了求知和创造新知识、新思想、新技艺而花费的精力占＿＿＿＿％;

G. 为了政治理想而花费的精力占＿＿＿＿％;

H. 为了其他方面而花费的精力占＿＿＿＿％,请补充说明这部分的内容＿＿＿＿＿＿。

其中,A、B 属于具体的、实际的物质世界观的内容;C 至 G 则属于抽象的、符号化的文化世界观的内容。

请你根据百分比的高低,看看自己现阶段的文化世界观有何特点?与同伴交流一下他们的回答,并讨论一下,各自将来的观点是否可能发生改变?

实践作业 2-1　理想自我与恐惧自我

请思考,在你的理想自我和恐惧自我中,哪些是你预期有可能会实现的,哪些是你预期不会实现的,把你的预期写在表 2-7 的空格内。

表 2-7 预期中的理想自我和恐惧自我

可能自我	理想自我	恐惧自我
你预期有可能会实现的		
你预期不会实现的		

为了实现表 2-7 中你预期有可能会实现的理想自我,你打算做些什么呢?请在下面的横线上写出你的行动打算。

_____

_____

拓展阅读

➢ 阿尔弗雷德·阿德勒,2016.自卑与超越[M].杨颖,译.浙江:浙江文艺出版社.

    这本书告诉我们如何理解和克服自卑,寻求生命的真正意义,不断超越自我,追求卓越。

➢ 卡罗尔·德韦克,2017.终身成长:重新定义成功的思维模式[M].楚祎楠,译.南昌:江西人民出版社.

    这本书介绍了面对成功与失败,成绩与挑战时的两种心态,通过了解自己的思维模式并作出积极改变,从而获得学习热情,应对压力,取得更好的成就。

思考题

1. 举例说明完美主义的好处和危害。
2. 举例说明最近一次你的固化型自我与增长型自我的区别。
3. 有些人总是擅长责备别人或推卸责任,为自我辩护和原谅自我,这与自我慈悲有何不同?
4. 请举例说明,同一个事件里,在乎或不在乎他人的评价,对自尊有何不同的影响。
5. 结合身边事例说明如何在职业、人际关系和婚恋中实现人生意义,走向健康的超越之路。
6. 文化世界观包含哪些方面的内容?
7. 如何解释那些喜欢在社交平台炫耀自己"美好生活"的人的心理?
8. 哪些做法可以帮助条件性自尊者转变为无条件自尊者?
9. 举例说明什么样的社会比较可以发挥积极的作用。

第三章

积极的品格

> **学习目标**
> - 了解品格优势的种类和功能
> - 掌握培养和运用品格优势的方法
> - 主动培养和运用自身品格优势

塞利格曼指出,心理学除了关注人类心灵消极的一面,还应关注人类心灵积极的一面。心理学家彼得森组织团队研究人类身上积极的品格,在研究中发现二十四种被普遍认可的品格优势。

一、品格优势的种类

1. 品格优势的种类

21世纪初,密歇根大学临床心理学项目主任彼得森组建研究团队,展开针对品格优势分类与测量的研究工作。首先,研究团队研读了亚里士多德(Aristotle)、柏拉图、托马斯·阿奎那(Thomas Aquinas)、圣·奥勒留·奥古斯丁(Saint Aurelius Augustinus)、本杰明·富兰克林(Benjamin Franklin)等的代表性著作,以及《旧约》《犹太法典》《论语》《道德经》《奥义书》等经典论著。在此基础上,他们总结了3 000年人类历史中,在不同文化中备受推崇的200多种人性美德。之后,他们将这些人性美德归纳为六大类品格优势(如图3-1所示):智慧与知识(wisdom and knowledge)、勇气(courage)、仁爱(humanity)、公正(justice)、节制(temperance)、超越(transcendence)。最后依据这六大类品格优势,发展总结出二十四项具体的品格优势(详见表3-1)。

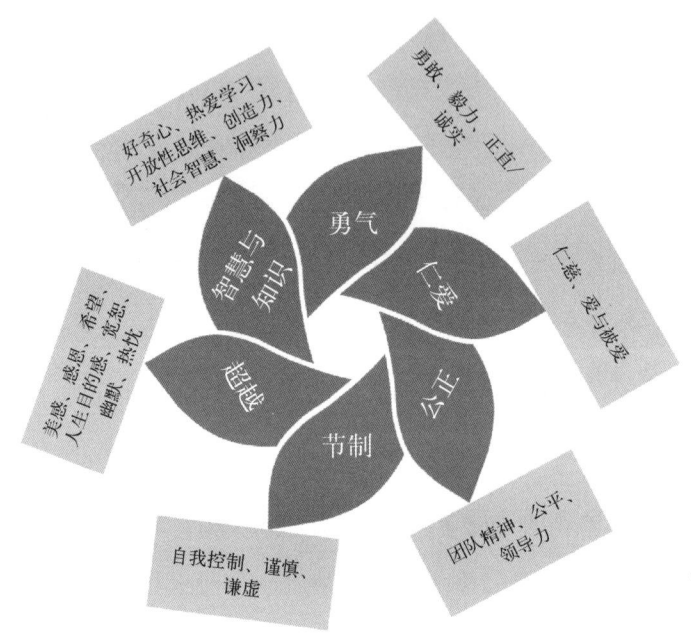

图3-1 六大类品格优势

表3-1 品格优势分类体系

六大类品格优势	二十四项具体的品格优势
智慧与知识 ——积极获取和主动运用知识	● 好奇心:对新经验和新信息感兴趣,喜欢探索和发现 ● 热爱学习:主动掌握新的技能,建立新的知识体系,与好奇心相似,但是更强调增加知识的倾向 ● 开放性思维:从各个角度进行思考而不过早下结论 ● 创造力:想出新颖而富有成效的做事方法 ● 社会智慧:能够感知别人和自己的意图和感受,知道在不同的社交场合如何行事 ● 洞察力:能够在线索不够明确的情况下,看清事情的本质,能为别人提供明智的参考意见

续 表

六大类品格优势	二十四项具体的品格优势
勇气 ——勇敢迎接威胁、挑战、困难或痛苦,并以坚毅的态度去努力解决问题	• 勇敢:在威胁、挑战、困难或痛苦面前不畏缩,在有反对意见时依然能够坚持自己的信念 • 毅力:做事有始有终,面对困难时坚持不懈 • 正直/诚实:表里如一,真诚地对待自己和他人,日常的行为模式与个人价值观相一致
仁爱 ——能够在与人交往过程中表现友善和爱	• 仁慈:助人为乐,与人为善,照顾他人 • 爱与被爱:与人们亲近,珍惜与他人的亲密关系
公正 ——投身于建立良好的团体生活	• 团队精神:作为一名团队成员,能够很好地与大家协作,对团队忠诚,乐于分担 • 公平:依照公平和正义的观念平等对待所有人,不因个人利益影响公正的决定 • 领导力:促进团队完成任务,合理安排团队活动,与团队成员关系良好
节制 ——抵抗过度的欲望	• 自我控制:能够控制自己的情绪、欲望、冲动和行为 • 谨慎:对自己的决定谨慎小心,有远见且三思而后行,不说或不做以后很可能会后悔的话或事 • 谦虚:能正确评估自己的能力和贡献,承认自己学识的不足与缺陷,能够包容与自己不一致的观点,能认同别人的能力和贡献,能欣赏与自己的观念截然不同的人和事
超越 ——自己与他人、自然、世界建立有意义的联系	• 美感:从自然到艺术、科学,再到日常经验,善于欣赏不同领域中美好和卓越的东西 • 感恩:对他人的帮助予以感谢,时常表达出谢意 • 希望:对未来充满希望并努力实现它,相信自己的未来是可以靠自己创造的 • 人生目的感:具有高层次的人生目标,能够为世界变得更加美好而服务 • 宽恕:原谅他人的错误,接受他人的不足,并给予第二次机会 • 幽默:喜欢大笑和开玩笑,时常带给他人欢乐,能够看到事物有趣的一面 • 热忱:把生活当作一场旅程,感觉充满活力

资料来源:Park,Peterson,& Seligman(2004)

课堂练习 3-1　公众人物或艺术作品中的人物的品格优势

选择一位真实的公众人物(如丘吉尔、罗斯福)或艺术作品中的人物(如《乱世佳人》中的白瑞德和郝思嘉,《勇敢的心》中的华莱士,《肖申克的救赎》中的安迪,《平凡的世界》中的孙少平),分析他/她身上具备的品格优势及其体现的细节。

_____

_____

_____

课堂练习 3-2　身边的品格优势

观察身边的人和发生在他们身上的故事,根据六大类二十四项品格优势的含义分析他们的品格优势及其故事,并填写在表 3-2 中。

表 3-2　身边的品格优势记录表

人　物	品格优势分析	故　事

2. 品格优势入选的标准

（1）在不同的文化中被广泛认可。

（2）有利于个人的幸福与成功。

（3）本身具有道德价值，而不是具有间接的工具性价值。

（4）对他人有利，会让他人对这项品格优势产生钦佩之情，而不是嫉妒。

（5）其对立面是消极的。

（6）具有一定的个体差异，是相对稳定的个体特质。

（7）是可测量的，可以通过心理测验测量出个体的水平。

（8）与其他品格优势在概念上是不同的。

（9）生活中存在某些典型模范，在某些人身上十分突出。

（10）在成长的过程中，在具有可塑性的人身上逐渐发展。

（11）在某些人身上可能缺失。

（12）可以成为社会实践活动的培养目标。

专栏 3-1　品格优势测量工具介绍

彼得森及其研究团队编制了品格优势问卷（values in action inventory of strengths，VIA-IS）来评估个体二十四项品格优势的情况。

---

3. 品格优势测试

你可以登录网站 www.authentichappiness.org 去做一下完整版的品格优势问卷，它会将你的品格优势依序排列，最强的品格优势在最上面。或者你也可以完成下面的简版品格优势问卷。

说明：每项品格优势均有两个相应问题，请选择与你的情况最相符的答案。

第一类：**智慧与知识**

好奇心（总分_____）

A. "我总是对世界很好奇"这句话：

5. 非常符合我　4. 符合我　3. 既没有符合也没有不符合　2. 不符合我

1. 非常不符合我

B. "我很容易变得无聊"这句话：

1. 非常符合我　2. 符合我　3. 既没有符合也没有不符合　4. 不符合我

5. 非常不符合我

热爱学习（总分_____）

A. "当我学到新东西时，我非常兴奋"这句话：

5. 非常符合我　4. 符合我　3. 既没有符合也没有不符合　2. 不符合我

1. 非常不符合我

B. "我从来不会特意去参观博物馆或其他有教育性质的场所"这句话：

1. 非常符合我　2. 符合我　3. 既没有符合也没有不符合　4. 不符合我

5. 非常不符合我

开放性思维（总分_____）

A. "不管是什么主题，我都可以很理性地思考它"这句话：

5. 非常符合我　4. 符合我　3. 既没有符合也没有不符合　2. 不符合我

1. 非常不符合我

B. "我容易作仓促的决定"这句话：

1. 非常符合我　2. 符合我　3. 既没有符合也没有不符合　4. 不符合我

5. 非常不符合我

创造力（总分_____）

A. "我喜欢琢磨新颖的做事方式"这句话：

5. 非常符合我　4. 符合我　3. 既没有符合也没有不符合　2. 不符合我

1. 非常不符合我

B. "我的朋友大多数都比我有想象力"这句话：

1. 非常符合我　2. 符合我　3. 既没有符合也没有不符合　4. 不符合我

5. 非常不符合我

社会智慧(总分_____)

A. "不论什么样的社会场合，我都能融入进去"这句话：

5. 非常符合我　4. 符合我　3. 既没有符合也没有不符合　2. 不符合我

1. 非常不符合我

B. "我不容易感觉到别人的感受"这句话：

1. 非常符合我　2. 符合我　3. 既没有符合也没有不符合　4. 不符合我

5. 非常不符合我

洞察力(总分_____)

A. "看事情时,我总可以看到大局"这句话：

5. 非常符合我　4. 符合我　3. 既没有符合也没有不符合　2. 不符合我

1. 非常不符合我

B. "其他人不经常来问我的意见"这句话：

1. 非常符合我　2. 符合我　3. 既没有符合也没有不符合　4. 不符合我

5. 非常不符合我

第二类：**勇气**

勇敢(总分_____)

A. "我经常在强烈反对声中表明我的立场"这句话：

5. 非常符合我　4. 符合我　3. 既没有符合也没有不符合　2. 不符合我

1. 非常不符合我

B. "痛苦和失望经常把我打败"这句话：

1. 非常符合我　2. 符合我　3. 既没有符合也没有不符合　4. 不符合我
5. 非常不符合我

毅力(总分_____)

A. "我做事有始有终"这句话：

5. 非常符合我　4. 符合我　3. 既没有符合也没有不符合　2. 不符合我
1. 非常不符合我

B. "做事时我总会分心"这句话：

1. 非常符合我　2. 符合我　3. 既没有符合也没有不符合　4. 不符合我
5. 非常不符合我

正直/诚实(总分_____)

A. "我总能遵守我的诺言"这句话：

5. 非常符合我　4. 符合我　3. 既没有符合也没有不符合　2. 不符合我
1. 非常不符合我

B. "我的朋友们从不说我是个脚踏实地的人"这句话：

1. 非常符合我　2. 符合我　3. 既没有符合也没有不符合　4. 不符合我
5. 非常不符合我

第三类：仁爱(总分_____)

仁慈(总分_____)

A. "在最近一个月里,我自愿帮助过邻居"这句话：

5. 非常符合我　4. 符合我　3. 既没有符合也没有不符合　2. 不符合我
1. 非常不符合我

B. "我对自己的好运比对他人的好运更感兴奋"这句话：

1. 非常符合我　2. 符合我　3. 既没有符合也没有不符合　4. 不符合我
5. 非常不符合我

爱与被爱(总分_____)

A. "在我的生活中,有很多人关心我的感觉和幸福,就像关心他们自己的感觉和幸福一样"这句话:

5. 非常符合我　4. 符合我　3. 既没有符合也没有不符合　2. 不符合我

1. 非常不符合我

B. "我不容易接受别人给我的爱"这句话:

1. 非常符合我　2. 符合我　3. 既没有符合也没有不符合　4. 不符合我

5. 非常不符合我

第四类：公正

团队精神(总分_____)

A. "为了集体,我会尽最大的努力"这句话:

5. 非常符合我　4. 符合我　3. 既没有符合也没有不符合　2. 不符合我

1. 非常不符合我

B. "对于牺牲自己的利益去维护集体的利益,我很犹豫"这句话:

1. 非常符合我　2. 符合我　3. 既没有符合也没有不符合　4. 不符合我

5. 非常不符合我

公平(总分_____)

A. "我对所有人都一视同仁,不管他们是谁"这句话:

5. 非常符合我　4. 符合我　3. 既没有符合也没有不符合　2. 不符合我

1. 非常不符合我

B. "如果我不喜欢一个人,我很难公正地对待他"这句话:

1. 非常符合我　2. 符合我　3. 既没有符合也没有不符合　4. 不符合我

5. 非常不符合我

领导力(总分_____)

A. "我可以让人们为了共同的目标而努力,而且不必反复催促"这句话:

5. 非常符合我　4. 符合我　3. 既没有符合也没有不符合　2. 不符合我

1. 非常不符合我

B. "我不会很好地组织团体活动"这句话：

1. 非常符合我 2. 符合我 3. 既没有符合也没有不符合 4. 不符合我
5. 非常不符合我

第五类：节制

自我控制(总分_____)

A. "我可以控制我的感情"这句话：

5. 非常符合我 4. 符合我 3. 既没有符合也没有不符合 2. 不符合我
1. 非常不符合我

B. "我不能按计划节食减肥"这句话：

1. 非常符合我 2. 符合我 3. 既没有符合也没有不符合 4. 不符合我
5. 非常不符合我

谨慎(总分_____)

A. "我避开有身体危险的活动"这句话：

5. 非常符合我 4. 符合我 3. 既没有符合也没有不符合 2. 不符合我
1. 非常不符合我

B. "我有时交错了朋友或找错了对象"这句话：

1. 非常符合我 2. 符合我 3. 既没有符合也没有不符合 4. 不符合我
5. 非常不符合我

谦虚(总分_____)

A. "当别人夸我的时候我会转移话题"这句话：

5. 非常符合我 4. 符合我 3. 既没有符合也没有不符合 2. 不符合我
1. 非常不符合我

B. "我常常说起自己的成就"这句话：

1. 非常符合我 2. 符合我 3. 既没有符合也没有不符合 4. 不符合我

5. 非常不符合我

第六类：超越

美感（总分_____）

A. "在前一个月中，我曾对优秀的音乐、艺术、戏剧、电影、体育运动、科学或数学感到非常的兴奋"这句话：

5. 非常符合我 4. 符合我 3. 既没有符合也没有不符合 2. 不符合我

1. 非常不符合我

B. "一年里，我没有创造任何美的东西"这句话：

1. 非常符合我 2. 符合我 3. 既没有符合也没有不符合 4. 不符合我

5. 非常不符合我

感恩（总分_____）

A. "我总说谢谢，即使是为很小的事"这句话：

5. 非常符合我 4. 符合我 3. 既没有符合也没有不符合 2. 不符合我

1. 非常不符合我

B. "我很少停下来去想自己生活中遇到的幸运的事"这句话：

1. 非常符合我 2. 符合我 3. 既没有符合也没有不符合 4. 不符合我

5. 非常不符合我

希望（总分_____）

A. "我总抱有乐观的态度"这句话：

5. 非常符合我 4. 符合我 3. 既没有符合也没有不符合 2. 不符合我

1. 非常不符合我

B. "我很少为自己想要的东西制订精心考虑的计划"这句话：

1. 非常符合我 2. 符合我 3. 既没有符合也没有不符合 4. 不符合我

5. 非常不符合我

人生目的感（总分_____）

A. "我的生命有强烈的目标感"这句话：

    5. 非常符合我　4. 符合我　3. 既没有符合也没有不符合　2. 不符合我

    1. 非常不符合我

B. "我的生命没有目标"这句话：

    1. 非常符合我　2. 符合我　3. 既没有符合也没有不符合　4. 不符合我

    5. 非常不符合我

宽恕(总分_____)

A. "我总是既往不咎"这句话：

    5. 非常符合我　4. 符合我　3. 既没有符合也没有不符合　2. 不符合我

    1. 非常不符合我

B. "有仇不报非君子，总要报了才甘心"这句话：

    1. 非常符合我　2. 符合我　3. 既没有符合也没有不符合　4. 不符合我

    5. 非常不符合我

幽默(总分_____)

A. "我总喜欢劳逸结合"这句话：

    5. 非常符合我　4. 符合我　3. 既没有符合也没有不符合　2. 不符合我

    1. 非常不符合我

B. "我很少说好玩的事"这句话：

    1. 非常符合我　2. 符合我　3. 既没有符合也没有不符合　4. 不符合我

    5. 非常不符合我

热忱(总分_____)

A. "我会把自己完全投入到我所做的事里"这句话：

    5. 非常符合我　4. 符合我　3. 既没有符合也没有不符合　2. 不符合我

    1. 非常不符合我

B. "我总是拖拖拉拉"这句话：

    1. 非常符合我　2. 符合我　3. 既没有符合也没有不符合　4. 不符合我

5. 非常不符合我

问卷来源：马丁·塞利格曼(2010)

*计分方式：

每项品格优势均有两个相应问题，请选择与你的情况最相符的答案，回答完毕后，将所选答案前面的数字相加，所得分值代表这项品格优势的分数。将分数写在表3-3中，品格优势得分大于或等于8分，则说明该项品格优势比较突出。

请按照下面的算式计算六大类品格优势的平均分，并在图3-2中标注出来。图3-2中重叠的五个六边形的顶点从里到外分别代表1—5分，你可以根据自己的得分情况在图中适当的位置作出标记，并将各类品格优势的得分连线(如图3-3所示)。这样更方便你了解自己六大类品格优势的情况。3分代表平均水平，如果大于3分则代表该类品格优势水平较高，如果小于3分则代表该类品格优势水平较低。

表3-3 二十四项品格优势得分与排名

类	智慧与知识						勇气			仁爱		公正			节制			超越						
品格优势	好奇心	热爱学习	开放性思维	创造力	社会智慧	洞察力	勇敢	毅力	正直/诚实	仁慈	爱与被爱	团队精神	公平	领导力	自我控制	谨慎	谦虚	美感	感恩	希望	人生目的感	宽恕	幽默	热忱
得分																								
排名																								

智慧与知识＝(好奇心＋热爱学习＋开放性思维＋创造力＋社会智慧＋洞察力)/12

勇气＝(勇敢＋毅力＋正直/诚实)/6

仁爱＝(仁慈＋爱与被爱)/4

公正＝(团队精神＋公平＋领导力)/6

节制＝(自我控制＋谨慎＋谦虚)/6

超越＝(美感＋感恩＋希望＋人生目的感＋宽恕＋幽默＋热忱)/14

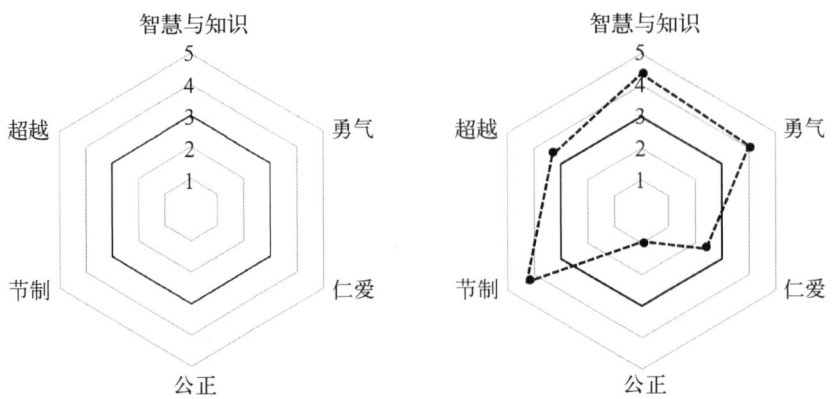

图 3-2 六大类品格优势得分雷达图　　图 3-3 六大类品格优势得分雷达图图例

二、品格优势的功能

品格优势对于人们的幸福感、学校适应和职业发展等具有积极的促进作用。

1. 品格优势与幸福感

品格优势可以帮助人们获得更高的幸福感。自我决定理论提出人具有三种心理需要,分别为自主的需要(即需要感到能够自主掌控和决定自身的行为)、胜任的需要(即需要感到自己有能力去做某件事)和关联的需要(即需要感到自己与他人建立了良好的关系)。当这三种心理需要得到满足时,人们会感到很幸福。品格优势之所以能够给人们带来幸福感,是因为品格优势能够帮助人们满足上述需要。一方面,品格优势帮助人们在任务中更加自主、投入,并积极乐观地解决问题,达成目标,满足人们胜任的需要和部分自主的需要;另一方面,品格优势可以帮助人们建立和谐的人际关系,使得人们更加受他人的尊重和喜爱,因而获得更多的积极评价和社会支持,关联的心理需要由此得到满足。

专栏 3-2 科学发现

朴、彼得森和塞利格曼(Park, Peterson, & Seligman, 2004)对 5 299 名成人被试进行研究,结果发现二十四项品格优势中的好奇心、爱与被爱、感恩、希望、热忱的能力与生活满意度之间的相关性最强。不仅如此,二十四项品格优势中,有二十一项品格优势与更高的生活满意度相关,只有创造力、谦虚和美感这三项品格优势与生活满意度呈弱相关。

2. 品格优势与学校适应

品格优势对青少年的学校适应(比如学校满意度、学业成绩等)具有重要的影响作用。品格优势水平高的人具有更强的自我调节能力,更热爱学习,也更加乐观,更能够在漫长的学习过程中坚持下去,能够良好地应对学习压力,建立良好的同伴关系,更多投入到学习中去。

专栏 3-3 科学发现

韦伯和鲁赫(Weber & Ruch, 2012)对 12 岁青少年的品格优势与学校满意度,学业自我效能,在学校表现出的积极行为,以及学业成绩的关系进行了研究。结果发现:好奇心、热爱学习、毅力、感恩和热忱,与学校满意度呈现显著正相关;热爱学习、毅力、谨慎和希望等品格优势,与青少年的学业自我效能呈现显著正相关;热爱学习、毅力和谨慎,与青少年在学校表现出的积极行为的关系最密切;热爱学习、毅力和自我控制等品格优势,能够预测学业成绩。

3. 品格优势与职业发展

塞利格曼假设，当人们能够在工作中使用突出的品格优势时，他们可能会将工作转化为使命。当在工作中使用突出的品格优势时，人们可以看到他们的行动如何为更大的利益作出贡献，还会收到他人的积极反馈，进而更加积极地投入到日常工作中。人们逐渐感到自己在工作中的价值和意义，工作渐渐转变为一种使命。

专栏 3-4　科学发现

哈策尔和鲁赫（Harzer & Ruch，2012）在研究中发现，在工作中运用三种及三种以下突出的品格优势的工作者没有感受到使命感，运用四种及四种以上突出的品格优势的工作者则感受到了使命感。在工作中运用突出的品格优势的数量越多，工作者在工作中获得的积极体验越多，使命感水平越高。

三、品格优势的识别和运用

塞利格曼曾提出，识别并运用自身的品格优势可以提升个体的幸福感。在工作中识别和运用突出的品格优势可以促使人们在工作中获得更多的积极经验并产生更强的使命感；在婚姻中识别和运用品格优势，可以显著提升人们生活中的幸福感，降低抑郁水平；在家庭中识别和运用品格优势可以使家庭氛围更加和谐。

1. 在工作中识别和运用品格优势

在工作中识别和运用品格优势可以帮助我们在工作中获得更强的使命感。运用的突出的品格优势越多，越能使我们在工作中获得更多的积极体验。

可以尝试以下方法,帮助你学习如何在工作中获得积极体验和使命感。

(1) 观察行业中哪些人在职场中表现出品格优势。

(2) 观察同行如何在工作中运用品格优势。

(3) 思考如何在工作中运用自身突出的品格优势。

(4) 考虑哪些工作内容最适合发挥你的品格优势。

2. 在婚姻中识别和运用品格优势

在美满婚姻里,最重要的不仅是找到具有众多品格优势的伴侣,还要学会从伴侣身上发现新的品格优势。

经常性地(间隔最好不超过一周)找出伴侣身上具有的品格优势,写出你认为最近发生在伴侣身上的值得赞美的事。写完后让你的伴侣来读你所写的内容,也请他/她做这个练习。

例如:品格优势:＿＿＿＿＿＿＿＿＿＿＿＿＿＿

事件举例:＿＿＿＿＿＿＿＿＿＿＿＿＿＿

3. 在家庭中识别和运用品格优势

当父母称赞和关注孩子身上表现出来的品格优势时,孩子的良好行为和特点就会得到强化,他们就会刻意多做这方面的事。因此,发展孩子的品格优势,有如下建议。

(1) 当孩子表现出某一品格优势时,家长要明确地告诉孩子,他/她具有这种品格优势。

(2) 在孩子面前,家长应该用实际行动展示自己的品格优势。

(3) 创造机会让孩子运用自己的品格优势。

专栏 3-5 科学发现

2005 年,塞利格曼等(Seligman, Steen, Park, & Peterson, 2005)进行了一组运用品格优势的干预实验。他们通过网络招募了 577 名成人被试,随机分为六组,分别进行不同的实验。

实验组 1:感恩拜访(gratitude visit)　要求被试在一周内写一封感谢信给一个他们从未好好感谢过的人,并投递出去。

实验组 2:生活中的三件好事(three good things in life)　要求被试在一周内每天晚上都写下当天发生的三件好事情,并说明原因。

实验组 3:最好的我(you at your best)　要求被试写下觉得自己最棒的那个时刻,并回想自己在这个时刻表现出的个人的品格优势。在一周内,每隔一天对这个故事进行一次回顾,并识别自己的品格优势。

实验组 4:用新的方法运用突出的品格优势(using signature strengths in a new way)　要求被试在网站上完成二十四项品格优势的量表,并得到他们自己突出的品格优势报告。在一周内,每天用一种新的方法运用自己的一个突出的品格优势。

实验组 5:识别突出的品格优势(identifying signature strengths)　与实验组 4 相比,实验组 5 去掉了运用突出的品格优势的活动。被试仅需要填写问卷,识别自己突出的品格优势即可。

对照组:早年回忆(early memories)　要求被试在一周内每天都写关于自己的早年回忆。

每一组被试都在实验开始前填写人口学信息、幸福感问卷和流调中心抑郁量表(Center for Epidemiological Studies Depression Scale, CES-D),并在实验结束时,实验结束一周后,实验结束一个月后,实验结束三个月后和实验结束六个月后,重测幸福感和抑郁程度。

实验结果发现,实验组 2(生活中的三件好事)和实验组 4(用新的方法运用突出的品格优势)的练习可以增加幸福感,降低抑郁程度,效果可以持续到实验结束六个月后。实验组 1(感恩拜访)的练习,在一个月内可引起很大的积极改变。

实践作业 3-1　日常践行品格优势

表 3-4 中,每行代表一种品格优势,每列代表一天。用简短字句在相应格子里记录下自己当天践行的品格优势。

表 3-4　日常践行品格优势

品格优势	星期						
	星期一	星期二	星期三	星期四	星期五	星期六	星期日
好奇心							
热爱学习							
开放性思维							
创造力							
社会智慧							
洞察力							
勇敢							
毅力							
正直/诚实							
仁慈							
爱与被爱							
团队精神							
公平							
领导力							
自我控制							
谨慎							
谦虚							
美感							
感恩							

续 表

品格优势	星期						
	星期一	星期二	星期三	星期四	星期五	星期六	星期日
希 望							
人生目的感							
宽 恕							
幽 默							
热 忱							

拓展阅读

➤ 马丁·塞利格曼,2010.真实的幸福[M].洪兰,译.沈阳：万卷出版公司.

　　这本书是积极心理学的入门书籍,其核心在于告知人们真正的幸福来源于对自身所拥有的品格优势的识别和运用。

思考题

1. 金钱、处境、命运对人的幸福有何影响？
2. 品格优势怎样影响人的幸福？
3. 试着在二十四项品格优势上各写出一个你熟悉的人的名字。
4. 试着对品格优势的分类体系提出你自己独到的修改建议。
5. 请举例说明几种不符合品格优势入选标准的心理特征。
6. 你具有哪些突出的品格优势？
7. 哪些经历促进了你哪些品格优势的发展？
8. 你最希望增强自己的哪项品格优势？你打算为此做些什么？
9. 你的品格优势曾在哪些场合或事情里发挥过积极作用？
10. 有哪些具体办法可以用来增强成年人的品格优势？

第四章

积极的认知

> **学习目标**
> - 理解乐观、希望、创造力和智慧
> - 在生活中运用反驳不合理信念的情绪 ABC 理论和希望理论
> - 培养乐观的态度

认知是加工信息的过程,影响着我们看待世界的方式。本章将介绍乐观、希望、创造力和智慧四部分内容。乐观和希望是面向美好未来的积极的认知方式,创造力和智慧是让生活更丰富、充盈的积极的认知能力。

一、乐观的态度

乐观是对未来事件的积极期望,相信更有可能得到好的结果。塞利格曼及其同事提出的习得性乐观理论认为,乐观者在面对消极事件时,更能够采用一种适应性的解释风格。

1. 乐观的作用

乐观对人生有积极的影响,具体表现在以下四个方面。

(1) 避免产生无助感,不容易陷入抑郁的泥沼之中

乐观者遭遇逆境时能更快地从消极情绪中走出来,采取行动作出应对或

寻求改变。

(2) 有助于充分发挥潜能,通过提高坚韧性使学业和事业得到更好的发展

乐观者相信付出会有回报,相信自己的努力可以影响未来,因而更具坚韧性,往往会有更佳的成绩和表现。

(3) 有助于维持良好的健康习惯,增进免疫机能

乐观者认为,健康在很大程度上受积极情绪的影响。乐观者的积极情绪影响儿茶酚胺和内啡肽等神经类物质的活性,使个体的免疫机能状态更好。

(4) 生活有更多的动力和乐趣

乐观并非越多越好,悲观也并非一无是处。乐观使我们的生活有梦想,有计划,并有未来的打算,但人们也要注意避免把坏事都归罪于他人,变成一个不负责的人。轻度的悲观可以使我们在做事之前三思,避免作出愚蠢的决定。如果失败的代价很高,不应过于乐观;如果失败的代价很小,则不妨乐观些。理想的生活需要大部分时间的乐观和偶尔的悲观。

> **专栏 4-1 科学发现**
>
> 研究者通过一项研究揭示了乐观和悲观对运动员表现的影响(Martin-Krumm, Sarrazin, Peterson, & Famose, 2003)。起初,研究者通过测试获得了青少年运动员的乐观水平和悲观水平。然后,在第一个运动阶段结束后,研究者给这些运动员以"失败"的负面评价。在第二个运动阶段,研究者收集运动员的一些心理和生理指标,结果发现,悲观的运动员和乐观的运动员出现了不同的情况,乐观的运动员比悲观的运动员更少感到焦虑(通过心率加速评估),更自信,运动表现更好。

> 彼得森（Peterson，1988）曾在研究中发现，在控制了生病经历的条件下，与乐观的大学生相比，悲观的大学生在接下来的一个月生病的次数更多，在接下来的一年看医生的次数更多。在后续的研究中，彼得森发现，与乐观的大学生相比，悲观的大学生具有更多不健康的生活习惯，更低的（改变这些不良习惯的）效能感，并且在生活中感受到更多的压力。

2. 解释风格

解释风格是一个人对事情的习惯性解释方式，包括事情为什么会这样发生以及会产生怎样的影响，是一个人对成功或失败进行归因时表现出来的一种稳定倾向。通过解释风格可以衡量一个人的乐观水平。

（1）解释风格的三个维度

解释风格有人格化、普遍性和永久性三个维度。

人格化是指如何看待自己在事情中的作用。当一件事情发生的时候，你认为事情的原因在哪里？原因在自己，还是在环境或者他人？

普遍性是空间上的维度，指你认为一件事情的覆盖面有多广，影响范围有多大。一件已经发生了的事情，它带来的好或坏的影响是仅仅针对这件事情本身，还是对其他事情也有影响？

永久性是时间上的维度，指一件事情发生时，你认为这件事情的影响会持续多久。影响是暂时的，还是永久的？

（2）悲观者和乐观者的解释风格

面对同样的事情，悲观者和乐观者会表现出不同的解释风格。

● 面对坏事

悲观者认为坏事的发生全怪自己，一切都是自己的错；一件坏事发生了，证明自己在很多方面都存在问题,这件坏事会毁掉一切;引起坏事的原因是长久存在的,坏事会在很长时间里影响自己的生活。

乐观者则认为坏事的发生不怪自己,而是有外在原因的,是旁人或者环境导致坏事发生;一件坏事发生了,只能说明这件事变糟了,而其他事情不会受到影响;坏事的影响仅仅是暂时的,这件事情过去了,一切就会好起来。

- 面对好事

悲观者认为好事不是由于自身内在原因发生的,而是由外在原因促成的;一件好事仅仅是一件好事,这件事情很好,不代表其他事情也会好;好事的原因和影响都是暂时的,一旦事情过去,好运就消失了。

乐观者则认为发生好事的原因在于自己,是由自己引起的;发生好事说明自己在许多方面都很好,好事的原因具有普遍性,也会让其他事情成为好事;引起好事的原因是长久存在的,好事的影响也会持续很久。

乐观者和悲观者在面对好事和坏事时,在解释风格的三个维度上会表现出不同的特点(详见表4-1)。

表4-1 面对好事/坏事时,悲观者和乐观者的解释风格特点

	好事		坏事	
	乐观者	悲观者	乐观者	悲观者
人格化 (归因方式)	内 都是我的好	外 有其他原因	外 有其他原因	内 都是我的错
普遍性 (影响范围)	大 一切都美好	小 只是一件事	小 只是一件事	大 会毁掉一切
永久性 (持续时间)	长 会持续很久	短 暂时的好事	短 暂时的困难	长 会持续很久

人格化维度影响我们对自己的看法和感受,普遍性和永久性维度则影响我们对未来的预期。

如果一个人对坏事做永久性和普遍性的解释,可能会带来无助和绝望。

如果一个人认为一件糟糕的事情的影响范围较小,且持续时间较短,则可能对未来怀有较大希望。

3. 怎样更乐观——情绪 ABC 理论

通过学习形成积极的认知方式,我们可以改变悲观的解释风格,变得更乐观。

20 世纪 50 年代,美国心理学家阿尔伯特·艾利斯(Albert Ellis)提出情绪 ABC 理论。艾利斯指出,事件 A(activating event)本身并不是引起情绪反应或行为后果 C(consequence)的原因,对事件的信念 B(belief)——也就是我们对事件 A 的想法和解释,才是真正原因所在。对事件的想法和解释有时是不合理的,这种不合理信念可能会导致消极的情绪后果。

因此,要改善不良情绪及行为,就要对不合理信念 B 进行反驳 D(disputation),反驳可以激发 E(energization)个体逐渐产生积极的情绪及行为,建立乐观的解释风格,反驳不合理信念的过程如图 4-1 所示。

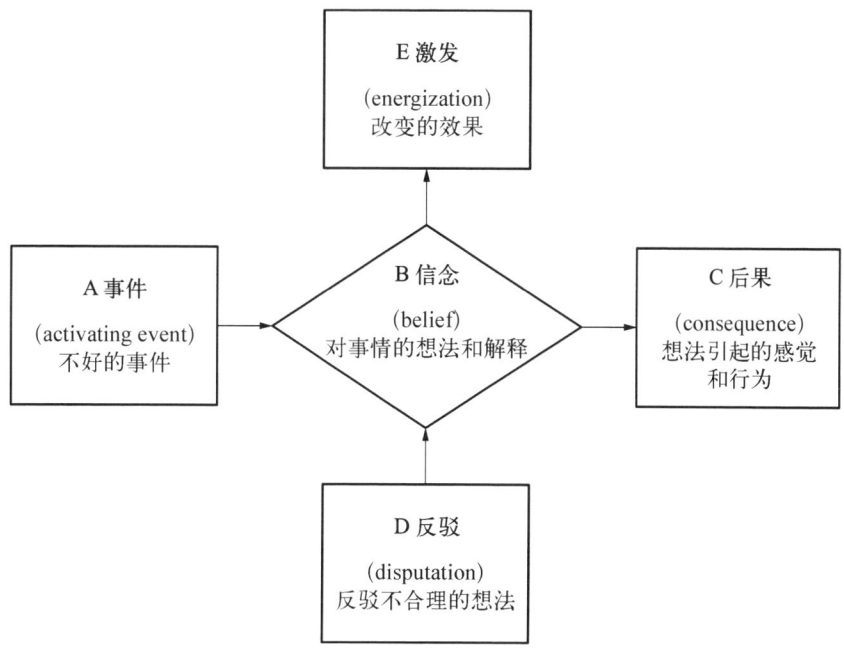

图 4-1 反驳不合理信念的过程

> **课堂练习 4-1　认识自己的解释风格**
>
> 　　选择几件近期对自己影响较大的生活事件,并写下自己的想法和反应,试着分析自己的解释风格,并体会想法对情绪和行为反应的影响(可以先填写 A 和 C,然后再填写 B)。
> 　　A：生活事件_____
> 　　B：你的想法_____
> 　　C：你的情绪和行为反应_____

　　不合理信念常常是自动出现的,我们平时可能意识不到。如果事情发生以后不断回顾,并反复分析为什么会这样,这种情况叫反刍。反刍的习惯加上悲观的解释风格容易使人走向抑郁。通过练习识别不合理的想法并对其进行反驳,可以帮助我们改变悲观的解释风格。

　　不合理信念通常具有以下特征：绝对化的要求、过度概括化和认为事情糟糕至极。

- 绝对化的要求是指认为人或事情"应该""必须""一定要"符合自己所想。例如,同学应该对我友善,领导应该公平。
- 过度概括化是指把特定的事情过度概括成普遍的事情。例如,遇到一次教师的不公正对待就觉得教师都是不公正的,遭受一次失败就觉得自己一无是处。
- 认为事情糟糕至极是指把事情的结果看得过于严重。例如,遭遇一次失败就觉得自己将一事无成。

　　表 4-2 中列出十三类常见的不合理信念及表现举例。
　　识别不合理信念之后,要进一步反驳并改变这些不合理信念。具体可以

表 4-2　十三类常见的不合理信念及表现举例

不合理信念	表现举例
灾难化	要是不能顺利通过那个重要的考试或评审,我的人生就完了
低容忍度	我无法忍受跟没素质的人打交道
欲望遮蔽	我非常在乎的那个梦想,必须实现
个人化	看到熟人在微信朋友圈评论人性的弱点,常让我觉得那是在说我
完美主义	我皮肤上的小毛病让我日夜焦虑和懊恼
外在归因	我的坏心情大多数是别人引起的,自己没法调整
寻求赞许	如果不能得到肯定和夸奖,我的一切努力都是没有意义的
鞭长莫及	亲友身患重病,而我又无法给予他帮助,我是一个废人
偏好确定	如果对明天要做的事情没有把握,我就会感到焦虑
苛求命运	我的原生家庭造成了我的很多苦恼
苛求公平	在任何情况下,别人必须公平对待我
苛求别人	他不应该做出那样的事
负面偏向、正面曲解或贬抑好事	生活中遇到多件好事,也不如一件坏事的影响大

通过重新解释,寻找证据,质疑假设,思考后果四种方式进行反驳。比如,某次班级演讲不理想后陷入消极情绪之中。

- 重新解释:为坏事寻找暂时的、特定的、非人格化的原因

这次班级演讲的主题是自己不熟悉的,而且演讲前的准备时间紧,没有时间充分查阅资料和练习。

- 寻找证据:通过寻找反例来说明事情并没有之前想的那么糟糕

这次演讲后还有同学反馈不错,以前在班级甚至更多人面前演讲时,自己都表现得很好。

- 质疑假设：识别并质疑不合理信念中暗含的前提假设

并不一定每次演讲都要十分完美。

- 思考后果：问问自己"即便如此，那又怎样？"

也许可以发现事情并没有那么糟糕。即使这次演讲不理想，可能在教师、同学面前表现不完美，但也不会产生太严重的后果，以后再有演讲机会时，争取认真准备，好好表现。

课堂练习 4-2 尝试改变不合理信念

请回忆自己或亲友经常出现的不合理信念，并试着建立一组与之对应的积极观念，并记录在表 4-3 中。

表 4-3 不合理信念与积极观念对照表

不合理信念	积极观念

专栏 4-2 科学发现

习 得 性 无 助

塞利格曼的乐观理论缘于他和同事在 1967 年进行的经典习得性无助实验。在习得性无助实验中，有三组狗一起参加实验，实验分成两个部分。

第一部分实验：第一组狗可以通过自己的努力来逃避电击,它们只要用鼻子推墙上的一块板就可以使电击停止,因此第一组狗是有控制力的。第二组狗承受的电击强度和次数都与第一组狗完全相同,但是无论第二组狗做什么都无法使电击停止,因此第二组狗是没有控制力的。第三组是控制组,第三组狗不接受任何电击。

在三组狗分别经过上述程序后,把它们放入可以穿梭往返的新的箱子里。按常理,狗可以很快学会跳过箱子中间的矮闸来逃避电击。然而,三组狗进入新的箱子后,反应却有所不同。

第二部分实验：第一部分实验中可以用自己的行为控制电击的第一组狗在进入新的箱子几秒钟后就发现可以通过跳过矮闸逃避电击。从未接受过电击的第三组狗在进入新的箱子后,也在几秒钟之后就发现跳过矮闸即可逃避电击。但是,第一部分实验中,无论如何也无法逃避电击的第二组狗却停留在有电击的那一半,没有尝试跳过矮闸逃避电击。

研究者重复了这个实验,发现第二组的8只狗中,有6只坐在新的箱子里等待电击；而第一组的8只狗中,没有一只放弃逃避电击。

研究者通过上面的实验制造了习得性无助,那么习得性无助可以治愈吗？

研究者将前面已经习得性无助的狗放入可以穿梭往返的箱子,一次次用手把它们拖过矮闸,直到它们自己开始活动为止。结果发现,一旦狗发现可以通过自己的行为停止电击,习得性无助就被治愈了。

4. 乐观测试

表4-4乐观测试中的语句描述了个人对日常生活各个方面一些情况的看法,请仔细阅读每一个叙述,每个题后面有"非常不同意、比较不同意、不确

定、比较同意和非常同意"5个选项,请在最符合自己情况的格子里打"√"。选择没有对和错之分,请不要有任何顾虑。

表4-4 乐观测试

		非常不同意	比较不同意	不确定	比较同意	非常同意
1	每件不如意的事情都会有积极的一面					
2	将要发生的事肯定不会如我所愿					
3	我的人生处处都很不顺					
4	我在做事之前总是会先想到失败					
5	即使身处苦难之中,我也能保持积极的情绪					
6	我认为,生活中黑暗多于光明					
7	遭遇挫折后,我依然能保持豁达的心情					
8	不管事情变得多么糟糕,总是有机会挽回的					
9	人的一生是苦海无边,不断受苦					
10	面对不可控制的事件,我能够坦然接受					
11	我认为困境永远没有尽头					
12	生命就是这么无奈,我再怎么努力也是徒然					
13	人生不如意事十有八九,我都能以平和的心态面对					

续 表

		非常不同意	比较不同意	不确定	比较同意	非常同意
14	我确信"柳暗花明又一村",事事都有"峰回路转"的可能					
15	任何困难都是有办法克服的					
16	我觉得凡事到最后都会好起来					

问卷来源:陆文春(2008)

*计分方式:

选择"非常不同意"记1分;"比较不同意"记2分;"不确定"记3分;"比较同意"记4分;"非常同意"记5分。

第1、8、14、15、16题测量积极认知。

第2、3、4、6、9、11、12题测量消极认知。

第5、7、10、13题测量愉悦感。

若某维度题目的平均分高于4分,则该维度的水平较高。如果消极认知水平较高,则意味着乐观水平较低。

课堂练习4-3 身边的乐观和悲观

在你熟悉的人中选择一个最乐观和最悲观的人,与同学分享他/她的故事。

二、饱满的希望

希望是心中对未来的美好期许,相信可以创造出美好的未来,同时努力去实现期许。

斯奈德(Snyder,1995)将希望看作是一种基于目标导向的思维。当我们有合意的目标,并觉得有能力找到达成目标的途径,同时具有使用这些途径的动机时,就心存希望。希望(hope)不同于愿望(wish),愿望只是心存期许,希望还需要达成目标的途径和努力。

1. 希望理论

斯奈德提出的希望理论的核心成分是目标。目标对个体而言有价值,有引领和激发动力的作用,既不是可以轻易实现的,也不是完全不可能达成的。目标可以按照以下四种方式分类。

第一种,按照目标的所属水平,可划分为三个层次,即生活的普遍目标(如平安健康和幸福快乐)、特定领域的目标(如升职加薪)和特定的具体目标(如掌握某种技艺或完成特定任务)。

第二种,按照个体对目标的动机,可划分为趋近目标和回避目标。趋近目标是指希望实现的愿望或发生的事件(如希望考取某证书);回避目标是指不希望出现的事件或结果(如避免生病)。高希望者倾向于设立趋近目标,而低希望者则更多设立回避目标。

第三种,按照是否与先前成就进行比较,可划分为参照目标和非参照目标。参照目标是指基于标准参照或常模参照的目标,例如某考试达到合格;非参照目标是指缺乏具体衡量标准的目标,例如提高外语水平。高希望者多设立参照目标,而低希望者则多设立非参照目标。

第四种,按照目标的明确程度,可划分为具体目标和模糊目标。高希望者设立的目标通常更为清晰,并会思考达成目标的具体途径,而低希望者设立的目标通常比较模糊。

围绕目标有能力和动力两个主要成分。这两个成分分别回答"怎么办"和"为什么"这两个问题。能力回答的是"怎么办"的问题,是指能够规划出克服困难,实现目标的方法计划,也称途径思维;动力回答的是"为什么"的问题,是指推动我们沿着达成目标的路径前进的内部动机,也称动因思维。

一个人的希望水平是由目标、能力和动力三方面共同决定的。

- 目标:对目标价值的评定。
- 能力:对达到目标的所有可能路径的思考以及相应的期望。

- 动力：对自身动力的思考，即自己能在多大程度上沿路径前进。

当目标可能成功实现时，通常会伴随积极情绪；而当目标可能失败时，则可能会伴随消极情绪。

2. 高希望者的特征

高希望者拥有积极的情绪集合，充满热情，这源自他们以往追求目标的成功经验；而低希望者具有消极的情绪集合，情绪平淡，这源自他们追求目标的失败经历。不论高希望者还是低希望者，在从事与具体目标相关的活动时，都会携带这些重要的情绪集合。

尽管困难会引起消极情绪，但不同希望水平个体的反应会有所不同。总是心怀希望的人，经历的挫折并不比别人少，但是他们能发展出适应性的积极态度，相信自己能够迎接挑战，走出逆境，而且不急于求成。遇到难以解决的障碍时，他们会试着把大问题分解成一个个能够解决的明确的小问题，运用创造力找到实现目标的其他可能路径，或者灵活地选择其他更容易实现的目标。此外，高希望个体还有更强大的动因思维来支持其实现目标，困难可能刺激和提高其动因思维，即越挫越勇。

3. 希望的预测作用

人类具备用乐观、希望这些未来表征调节自己行动的能力，因此可以发挥主观能动性改变自己以及影响自己的处境。研究发现，较高的希望水平能够预测较好的学业、事业、心理发展水平、身体健康水平、适应性水平（快乐、满意、积极情绪、人际关系等）和心理治疗效果等。

同时，希望既能促进人们达成目标，也能增加朝目标奔跑过程中的乐趣，使那些为达成目标付出的代价成为美妙的过程——至少是可以忍受的过程。

4. 希望测试

表4-5希望测试中的语句是个人对日常生活各个方面一些情况的看法，请仔细阅读每一个叙述，每个题后面有"很不符合我""有点不符合我""有点符合我""很符合我"4个选项，请在最符合自己情况的格子里打"√"。选择没有

对和错之分,请不要有任何顾虑。

表 4-5 希望测试

		很不符合我	有点不符合我	有点符合我	很符合我
1	我能想出许多途径和办法来使自己摆脱困境				
2	我总是不知疲惫地追求我的目标				
3	我大多时候感到很累				
4	我认为任何问题总会有解决的途径和办法				
5	我容易在争论中失败				
6	我能想出恰当的对策来处理我生活中的重要事件				
7	我担心自己的身体健康				
8	即使别人放弃,我也认为自己可以找到解决问题的办法				
9	我过去的经验可以帮助我有效地应对未来生活				
10	我的生活一直很成功				
11	我有时对一些事很担心				
12	我实现了自己的大多数目标				

问卷来源:Snyder(1995);陈灿锐,申荷永,李淅琮(2009)

*计分方式:

选择"很不符合我"记 1 分;"有点不符合我"记 2 分;"有点符合我"记 3 分;"很符合我"记 4 分。

第 1、4、6、8 题测量途径思维,第 2、9、10、12 题测量动因思维。另外 4 个关于目标的题目用来转移被试注意,不计算分数。

如果途径思维和动因思维各自的得分高于 12 分,说明两者的水平较高,这两个方面的总分高于 24 分时,说明整体希望水平较高。

三、创造的倾向

创造力是能够想出崭新而有效的方法做事或解决问题的智力品质。有创造力的人,能够根据一定的目的和任务,运用已知信息,开展积极的思维活动,产生新颖、独特、有社会价值的产品。

1. 影响创造力的因素

目前,研究者一般认为,创造力不止一个层面,而是具有多个层面。比如,斯滕伯格基于长期研究指出,创造力的产生需要整合互相联系的六种不同资源,即智力、知识、思维风格、人格特质、动机和环境。

（1）智力

智力是创造力的基础,创造力水平较高的人通常具有较高的认知灵活性和复杂性。智力中重新界定问题的能力和对问题的洞察力两个方面对创造力而言至关重要。

（2）知识

一定的知识背景是创造力发展的必要条件,丰富的知识经验是创造力的源泉,为新观念的产生提供基础。但知识对于创造力也可能是一把"双刃剑",过多的知识也可能阻碍和束缚创造力的发展。

（3）思维风格

斯滕伯格认为,不喜欢从众,喜欢自己制订规则的思维风格更有助于创造性思维的产生,表现为具有较强的想象力和原创性。

（4）人格特质

有益于创造力的人格特质包括：面临困境的坚持不懈,愿意承担合理风险的勇气,对不确定情形的容忍,开放的态度和自我认同的信心与坚持。

（5）动机

动机是激发创造力的驱动力,内在动机比外在动机更有利于个体创造力的发展。当人们被工作本身的挑战激发,而不是被外在的压力激发时,才表现得最有创造力。

（6）环境

支持性的环境有助于创造力的发展。对离经叛道的宽容，对创意观点的奖励和对大胆想法的支持等都是创造力发展的良好环境。而对权威的迷信，对知识的机械记忆等则会损害创造力。

斯滕伯格等的研究发现，影响创造力的环境变量主要有以下五个方面。

- 工作环境：与单调的环境相比，丰富的环境更能催生创造力。
- 任务约束：在较少限制和约束的自由环境下，创造力表现会更好。
- 评价：当评价被视为一种威胁时，通常会损害创造力。
- 竞争：任务的难度水平与个体的兴奋水平有交互作用，在完成创造性工作时，与兴奋水平很低的人相比，兴奋水平很高的人更需要竞争的存在。
- 合作：当一个人周围有许多具有创造力的人或周围的环境有更多的有益支持时，个体最能发挥创造力。

其他影响创造力的因素还包括家庭氛围，榜样的作用，学校氛围，组织氛围以及社会氛围等。

2. 创造的心理过程

契克森米哈赖将创造的心理过程分为五个阶段。

（1）第一阶段：准备期

个体开始有意识或者无意识地沉浸在一系列能唤起好奇心的问题之中。

（2）第二阶段：酝酿期

初步的模糊想法在意识或者潜意识中翻腾酝酿，可能建立起不同寻常的联系。

（3）第三阶段：洞悉期

洞悉期也被称为"啊哈"时刻，此时问题的答案或者解决方式突然明朗起来了。

(4) 第四阶段：评价期

个体评价自己的洞悉是否有价值,是否值得继续研究下去。

(5) 第五阶段：完成期

将洞悉付诸实践,精心加工。

创造力的五个阶段持续的时间与问题的复杂程度有关,可长可短,也可能循环往复。

3. 激发创造力

契克森米哈赖在全世界范围访谈了91位具有创造力的杰出人士,并从中提取可以让每个人的生活变得更富有创造力的有益建议。

(1) 培养兴趣和好奇心

- 保持开放的态度,体验事情本身,每天都设法为什么事情感到惊奇。
- 打破自己的行为惯例,每天至少设法令一个人吃惊。
- 当对某件事情感兴趣时,持续跟进探索。
- 记录这些惊奇、兴趣和探索的过程。

(2) 善用自己的注意资源

- 找到值得为之醒来的事情,每天早上怀着明确的目标醒来。
- 将事情做好,它就会变得更有趣。
- 增加事情的复杂性,以从中持续得到乐趣。

(3) 培养发散性思维

- 从尽可能多的视角看待问题。
- 想出尽可能多的点子。
- 尽可能想出不同的点子。

(4) 养成有益于创造力的习惯

- 根据自己的生理节律管理日程安排。
- 抽些时间进行反思和放松。

- 找到自己真正喜欢的事情,并投入更多时间和精力。
- 觉察自己欠缺的性格特点,并有意识地锻炼和发展这些性格特点。

4. 合作创造力

(1) 合作创造力的含义

合作创造力是指在群体或组织中激发个体之间联合,产生更大的创造成果。合作创造力不是个人与个人创造力的简单相加,而是通过某些因素的作用产生相乘的效果。

(2) 合作创造力的影响因素

- 内在动机与兴趣

特蕾莎·阿马比尔(Teresa Amabile)坚持认为,在创造性行为中,内在动机是最重要的因素,且比外在激励更为重要,外在激励是通过内在动机起作用的。有研究者指出,创造力的内在动机比外在激励在产生创造性行为方面更强大。而约翰·赫尔巴特(Johann Herbart)的兴趣学说也表明兴趣这一内在动机对人类创造性行为的重大影响。

- 组织的支持鼓励

组织的支持鼓励包括:鼓励冒险和创意思维,对创意的评价持支持的态度,更加重视共同协作的想法和鼓励员工参与管理和决策等。支持性的组织通常给予员工更大的自由度和信任。

- 具有安全感和信任感的组织环境

研究表明,当员工对组织有较高的安全感和信任感时,会更倾向于表达自己的想法,也更容易出现有创造力的想法。

- 有宽裕的时间用来完成创造成果

在合作创造过程中,时间是很重要的影响因素,合作不能突然停止,对创新的结果也不能只给予少量的时间。任何想法都需要不断讨论与检验,而这些没有时间是不能完成的。因此,不能急于为了一个结果而忽视合作创造的这一过程。

- 充足的资源

创造并不是闭门造车就可以完成的,而是需要各种各样的资源,如人力资源,资金支持,了解问题的各种概念,等等。因此,想要有良好的合作创造力,充足的资源是必不可少的。

四、智慧的生活

德国马克斯·普朗克人类发展研究所的巴尔特斯教授与他的合作者德累斯顿工业大学(Dresden University of Technology)的厄休拉·斯陶丁格(Ursula Staudinger)教授于2000年提出了智慧理论。

1. 智慧的含义

智慧是一种关于生活中基本的、重要的、实际的问题的专家知识系统,包括对复杂的、不确定的人类生活情境的深入洞察、判断和提出适宜建议的能力。例如,挑战、选择、失败、风险、疾病、婚恋、生育、衰老、转折、改变和人际冲突等一系列生活问题,都属于生活中基本的、重要的、实际的问题。富于智慧的人,在日常生活中用心观察别人的经历,认真思考问题背后的本质,在面对问题时,表现得像生活问题专家一样有丰富经验和独立见解。数学问题的复杂(complicated)是过多简单问题的叠加造成的,而生活问题的复杂(complex)是过多不确定性的叠加造成的,所以解开数学问题只需要智力,而面对生活问题则需要智慧。只有智慧才能让人作出深刻的洞察、判断,并提出现实可行的建议。

2. 智慧发展的条件

个体和环境因素共同影响智慧发展。

第一,人格特质和心理状态会影响智慧发展。例如,我们在宁静、愉悦的情绪状态下更可能作出智慧的决策,在过度高亢、兴奋的状态下容易选择不切实际的目标,在愤怒的状态下容易作出冒险的决策,在悲伤的状态下容易作出消极的决策。富有创造力的人,对于别人难以解决的难题,会思考和尝试多种迂回的策略,有利于智慧的发展;对新经验持开放性态度的人,更容易深入接触与自己文化价值观截然不同的视角,更善于多视角地分析问题,也更容易促进智慧发展。

第二,丰富的人生阅历和生活经历有利于智慧发展。正如中国古语所说,"读万卷书,行万里路"有利于智慧的提升。另外,如果有机会经常就生活问题与富有智慧的导师开展讨论,也能慢慢学会从智者的角度看待问题,分析问题,处理问题。

第三,宏观环境也会影响人的智慧经验。一般而言,受过良好教育的人更可能拥有智慧,处于富于精神营养的文化背景与社会环境中的人更可能拥有智慧。

第四,主观能动性影响智慧发展。即使上述所有条件都已具备,也并不意味着个体就拥有了智慧。因为这些都还只是一颗颗珠子,需要用绳子穿起来。而这个穿绳的工作,需要依赖个人努力提升自身智慧的意识和行动。个人需要积极地通过一系列的行动过程来组织和调节自身智慧的发展,这些过程包括制订生活计划,生活管理与生活反思。

3. 评价智慧的五条标准

巴尔特斯在实验中向被试呈现一些复杂的生活故事,请被试给故事的主人公提出建议。例如,一个大学生在 A 城市能找到理想的工作,但其心爱的恋人却在 B 城市工作,A 该如何抉择?一个 15 岁的少女决定要举行婚礼,你会给她提供什么建议?一个在异乡工作的年轻人,父母要求其回家乡工作并照顾父母,他该怎么办?一个少数民族女孩的父母不允许她嫁给外族青年,你会如何建议?一个人在面临自己良心与朋友利益的冲突时,该如何解决?接下来,巴尔特斯分析被试的回答,根据下面五个方面的表现,作出智慧分数的评定。

第一,是否表现出丰富的事实性知识,即是否经历或见识过很多此类事件。

第二,是否表现出丰富的程序性知识,即是否对于每种情况下的"怎么办""如何做"有很多的经验。

第三,是否表现出毕生发展情境观和非绝对主义,对文化差异能否持宽容的态度。例如,要考虑当事人的成长经验,所受熏陶,固有观念,所处情境,环境影响等,不仅能从自己的角度看待当事人的问题,而且能从当事人的价值立场理解问题。对于与自己习惯不同的文化观念,能够保持宽容的、努力理解的态度。

第四,是否表现出对不确定性的识别与管理。数学问题通常是条件充分、结构良好、有确切结果的,而生活问题经常是条件不充分、问题呈现形式模糊、具有大量不确定性的。有智慧的人能够意识到不确定性的存在,并作出适合当前情况的判断。

第五,能够了解人类认识能力的弱点和自己判断力的局限。有智慧的人往往不会很武断地坚信自己的建议是唯一正确答案,他们会意识到自己的信息、线索、经验、判断力都是有局限的,在对重大问题提出建议的时候,会尽量采取谨慎且有建设性的方式。

专栏 4-3 科学发现

史密斯、斯陶丁格和巴尔特斯(Smith, Staudinger, & Baltes, 1994)以及斯陶丁格、史密斯和巴尔特斯(Staudinger, Smith, & Baltes, 1992)对临床心理学家这一特定人群进行了相关研究。选取临床心理学家作为被试是因为他们在制订生活计划,生活管理以及生活反思方面受到很多训练并进行大量练习,而这些经验恰恰有助于智慧的发展。在这项研究中,采用最佳行为来测量智慧。具体做法是:事先设计一些有关个体生活计划、生活管理和生活反思方面的非结构性问题(例如,X 先生的一位好朋友打电话说他想要自杀,X 先生该如何做),然后根据被试对这些问题的解答来评价其智慧水平的高低,这属于用假设情境来测量个体的智慧。结果显示,相比于普通人群,临床心理学家表现出更高的智慧水平。

研究者在解释上述结果时也需要考虑另外一个可能性,到底是因为这些人具有高智慧水平才选择成为临床心理学家,还是因为他们受到的专业训练提升了他们的智慧。为了检验这个猜想,研究者进一步采用了分层回归分析法,这个方法的优势就在于能够独立检验每个因素的重要程度。结果发现,在排除了人格特点与动机结构后,专业训练对于智慧发展确实非常重要,可以解释总变异的15%。

实践作业4-1 建立自己的希望清单

请在表4-6希望清单第一列的横线上写出你在对应时间范围内的希望,并分析在四种目标分类中,这些希望属于其中的哪一种,在"○"里打"√"。

表4-6 希望清单

	目标的所属水平	对目标的动机	是否与先前成就进行比较	目标的明确程度
你今天的希望:_____	生活的普遍目标○ 特定领域的目标○ 特定的具体目标○	趋近目标○ 回避目标○	参照目标○ 非参照目标○	具体目标○ 模糊目标○
你本周的希望:_____	生活的普遍目标○ 特定领域的目标○ 特定的具体目标○	趋近目标○ 回避目标○	参照目标○ 非参照目标○	具体目标○ 模糊目标○

续 表

	目标的所属水平	对目标的动机	是否与先前成就进行比较	目标的明确程度
你本月的希望：_____	生活的普遍目标○ 特定领域的目标○ 特定的具体目标○	趋近目标○ 回避目标○	参照目标○ 非参照目标○	具体目标○ 模糊目标○
你今年的希望：_____	生活的普遍目标○ 特定领域的目标○ 特定的具体目标○	趋近目标○ 回避目标○	参照目标○ 非参照目标○	具体目标○ 模糊目标○
你五年后的希望：_____	生活的普遍目标○ 特定领域的目标○ 特定的具体目标○	趋近目标○ 回避目标○	参照目标○ 非参照目标○	具体目标○ 模糊目标○
你十年后的希望：_____	生活的普遍目标○ 特定领域的目标○ 特定的具体目标○	趋近目标○ 回避目标○	参照目标○ 非参照目标○	具体目标○ 模糊目标○
你终身的希望：_____	生活的普遍目标○ 特定领域的目标○ 特定的具体目标○	趋近目标○ 回避目标○	参照目标○ 非参照目标○	具体目标○ 模糊目标○

把上述内容拍成照片，发给一个最在乎你的希望的人，让他/她监督你的行动，促进你希望的达成。

拓展阅读

➢ 马丁·塞利格曼，2010. 活出最乐观的自己［M］. 洪兰，译. 沈阳：万卷出版公司.

　　本书用实验和调查结果告诉我们，乐观对于健康、学业、工作等多个方面的益处，以及乐观是可以培养的，通过运用反驳不合理信念的情绪 ABC 理论可以改变悲观的生活态度。

➢ 马丁·塞利格曼，2017. 教出乐观的孩子［M］. 洪莉，译. 北京：北京联合出版公司.

家长的养育方式会影响孩子的解释风格,通过运用反驳不合理信念的情绪 ABC 理论可以教出乐观的孩子。家长的解释风格也会传递给孩子,因此家长也要培养自身乐观的解释风格。

➢ 罗伯特·斯滕伯格,陶德·陆伯特,2009.创意心理学[M].曾盼盼,译.北京:中国人民大学出版社.

人人都可以具备创造力,本书会向你介绍创造力的运行机制和培养方法。

➢ 米哈里·希斯赞特米哈伊,2015.创造力:心流与创新心理学[M].黄珏苹,译.杭州:浙江人民出版社.

作者运用心流理论,从 91 位杰出创新者的工作方式、性格特征、思维模式中,寻找让每个人的生活丰富而充盈的创造力。

思考题

1. 乐观对人有哪些方面的影响?
2. 分别以好事、坏事来举例说明人格化、普遍性和永久性。
3. 乐观有什么坏处?悲观有什么好处?
4. 举例说明各种不合理信念。
5. 我们可以如何反驳不合理的观念和想法?
6. 请用一次自己达成目标或者未达成目标的经历来说明斯奈德的希望理论。
7. 人们在何种环境下更能发挥创造力?
8. 请回想三个最智慧的人:一个是你生活中熟悉的人,一个是文艺作品中虚构的人,一个是大家熟悉的公众人物。
9. 有哪些方法可以增进人的智慧?

第五章

积极的情绪

> **学习目标**
> - 了解积极情绪的类型和功能
> - 掌握积极情绪与消极情绪的调节方法
> - 形成积极的情绪基调

积极情绪是指个体因为需要的满足而产生的伴有愉悦感受的情绪,它是心理健康的重要组成部分,对身体健康具有促进作用。弗雷德里克森认为,积极情绪是个人对有意义的事情的独特的、即时的反应(Fredrickson,2001)。积极情绪与身体快感不同,身体快感更接近消极情绪,会缩小视野,局限思维,让人们只关注一些特定的事物;而积极情绪能让人们感觉良好,通过改变思维内容来扩展思维的广度和边界,让人们看到生活中更多的可能性,抑制消极情绪。

一、情绪分类

情绪是复杂的体验,仅就其体验性质来看,罗素(Russell,1980)提出了情绪分类的环状模式(如图5-1所示)。罗素认为,情绪分类可以参照两个方面:第一个方面为情绪的强度,即图5-1中的纵轴;第二个方面为情绪的效价,即

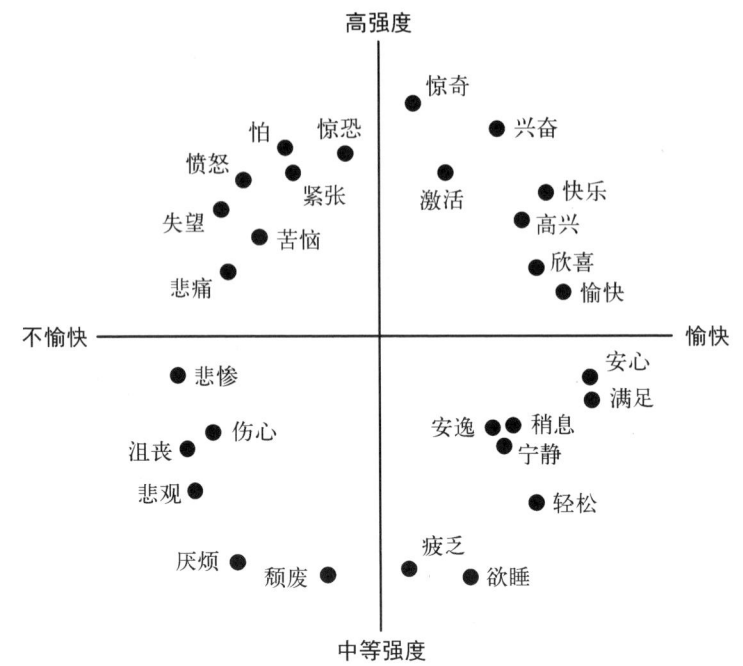

图 5-1 罗素提出的情绪分类的环状模式（Russell,1980）

资料来源：https://www.cnblogs.com/yangsy0915/p/10381461.html

图 5-1 中的横轴。根据这两个方面可以将不同的情绪划分到不同的区域。

二、积极情绪与消极情绪的对比

根据情绪分类的环状模式,我们常把情绪分为积极情绪和消极情绪,从进化意义、获益方式、适用情境、思维影响、行为倾向和生理反应来看,积极情绪与消极情绪的对比详见表 5-1。

表 5-1 积极情绪与消极情绪的对比

	积 极 情 绪	消 极 情 绪
进化意义	生活：拓展和建构	生存：攻击和逃跑
获益方式	积累长期资源,包括智力、生理、社会和心理资源,享受生活	短暂、暂时获益,帮助生存

续 表

	积 极 情 绪	消 极 情 绪
适用情境	无威胁的情境	有威胁的情境
思维影响	开放、尝试、接受新信息	窄化个体思维资源
行为倾向	间接、缓和采取非特定性行为	直接、立即采取特定行动
生理反应	心跳缓和,血压平稳,身体放松,胸腔扩展	心跳加快,分泌肾上腺素,肌肉收紧

三、积极情绪与消极情绪的最佳配比

积极情绪与消极情绪在生活中常常交替出现,人们时而体验到积极情绪,时而感受到消极情绪,那么在一天中积极情绪与消极情绪的比例达到多少才是最好的呢? 带着这样的疑问,心理学家开始了研究。马歇尔·洛萨达(Marcial Losada)提出了洛萨达比例,也就是积极情绪与消极情绪的最佳配比,简称积极率。他认为,无论个人、家庭,还是组织,能够引发蓬勃发展的积极率都是3∶1,但是积极情绪并非越多越好,消极情绪也并非越少越好,最佳配比的上限在11∶1左右。

专栏 5-1 科学发现

洛萨达多年来一直在研究高绩效商业团队的特点,以帮助业绩不佳的商业团队变得成功。20 世纪 90 年代中期,洛萨达的团队观察了 60 个商业团队并按不同规则对它们进行编码。当他把团队区分为高绩效团队、低绩效团队和一般绩效团队时,这些团队表现出惊人的差异。高效绩团队的积极率约 6∶1;低绩效团队的积极率远低于 1∶1;一般绩效团队的积极率约 2∶1。根据洛萨达的计算,积极情绪与消极情绪的最

> 佳配比是2.9013∶1。于是他预测,只有当积极率高于3∶1的时候,才能有足够的积极情绪来滋养人类的欣欣向荣。

● 测测你的积极率

你在过去一周感觉如何?请回忆在刚刚过去的一周,你体验到的每一种情绪的程度,并填写在表5-2积极率测试问卷中。此问卷共有20条描述情绪体验的句子,请你阅读每个句子,并在最符合你实际情况的选项上打"√"。

表5-2 积极率测试问卷

		一点都没有	有一点	中等	很多	非常多
1	你感觉到的逗趣、好玩或可笑的程度有多少					
2	你感觉到的生气、愤怒或懊恼的程度有多少					
3	你感觉到的羞愧、屈辱或丢脸的程度有多少					
4	你感觉到的敬佩、惊奇或叹为观止的程度有多少					
5	你感觉到的轻蔑、藐视或鄙夷的程度有多少					
6	你感觉到的反感、讨嫌或厌恶的程度有多少					
7	你感觉到的尴尬、难为情或羞愧的程度有多少					
8	你感觉到的感激、赞赏或感恩的程度有多少					
9	你感觉到的内疚、忏悔或应受谴责的程度有多少					

续 表

		一点都没有	有一点	中等	很多	非常多
10	你感觉到的仇恨、不信任或怀疑的程度有多少					
11	你感觉到的希望、乐观或备受鼓舞的程度有多少					
12	你感觉到的激励、振奋或兴高采烈的程度有多少					
13	你感觉到的兴趣、吸引注意或好奇的程度有多少					
14	你感觉到的快乐、高兴或幸福的程度有多少					
15	你感觉到的爱、亲密感或兴奋的程度有多少					
16	你感觉到的自豪、自信或自我肯定的程度有多少					
17	你感觉到的悲伤、消沉或不幸的程度有多少					
18	你感觉到的恐惧、害怕或担心的程度有多少					
19	你感觉到的宁静、满足或和平的程度有多少					
20	你感觉到的压力、紧张或不堪重负的程度有多少					

*计分方法：

选择"一点都没有"记0分；"有一点"记1分；"中等"记2分；"很多"记3分；"非常多"记4分。

逗趣、敬佩、感激、希望、激励、兴趣、快乐、爱、自豪和宁静，是你体验到的积极情绪。

生气、羞愧、轻蔑、反感、尴尬、内疚、仇恨、悲伤、恐惧和压力，是你体验到的消极情绪。

请把测量积极情绪的第1,4,8,11,12,13,14,15,16,19题的得分相加之和作为分子，把测量消极情绪的第2,3,5,6,7,9,10,17,18,20题的得分之和作为分母，然后计算两者的比值。这个比值就是你的积极率。

专栏 5-2 科学发现

对同等得失的不对等反应

美国佛罗里达大学的鲍迈斯特等(Baumeister, Bratslavsky, Finkenauer, & Vohs, 2001)从心理学等多个领域收集到的大量证据表明,坏事对人产生的影响远大于好事对人产生的影响。相比于积极人生事件,我们对消极人生事件的反应更强烈。同样,相比于社交成功,我们对社交挫折的反应更强烈。相比于正面反馈,我们对负面反馈的反应更强烈。相比于收益,我们对损失的反应更强烈。相比于对好消息的加工,我们对坏消息的加工更彻底。

巴斯(Buss, 2015)认为,人们之所以对损失的情绪体验更强烈,是因为这样有利于我们的祖先适应环境。努力追了很久的猎物跑掉了会引起消极情绪体验,付出同样努力追到猎物会引起积极情绪体验,尽管付出的努力是相同的,但是引起的情绪体验却是不对等的,消极情绪体验要远远强于积极情绪体验。如果人们体验过损失带来的消极情绪体验,那么人们就会为了避免损失更努力地工作,最后生存下来。我们也保留了祖先的这种特点。

失去100元与挣到100元,这种失去的失望感与得到的满足感在程度上是不对等的。这种由同等得失产生的不对等反应是在自然选择中形成的,其后果就是,我们需要得到很多东西才能收获一定的幸福,但只需要失去一点东西就能体验相同程度的痛苦。让幸福多一点需要很大的收益,让幸福少很多则只需要很小的损失,这是个让人失望的事实。它会让我们进一步远离幸福。让我们不那么失望的方法就是坦然接受这个源自进化的事实,这样只需要中等成就,就能让我们变得稍微幸福一些。

四、积极情绪的十种类型

积极情绪的十种类型及内涵,详见表5-3。

表5-3 积极情绪的十种类型及内涵

类 型	内 涵
喜 悦	因意愿的满足或意外的收获而产生积极的体验
感 激	因他人的好意或帮助而对其产生的回报意愿
宁 静	无压迫感的情况下专注而平和的状态
兴 趣	力求认识某种事物或从事某项活动的心理倾向
希 望	一种积极的动力和期待
自 豪	为自己或与自己有关的集体、他人所取得的成就、荣誉而感到光荣、骄傲
逗 趣	好笑的、滑稽的感受
受激励	因为看到别人的良好行为而激发你设立新的目标,让你产生做到最好的冲动
敬 佩	敬重、佩服
爱	爱不是一种独立的情绪,而是上述所有情绪的组合,如果某一对象引发了你更多上述情绪,你就会趋向于它

五、积极情绪的功能

弗雷德里克森提出了积极情绪的拓展与建构理论(如图5-2所示),积极情绪可以拓展与建构人们的内在资源,内在资源又可以促使人们产生更多的积极情绪。

1. 积极情绪的资源拓展功能

积极情绪的资源拓展功能包括以下五点。

(1)积极情绪使我们能够考虑在其他情况下看不见的可能性,扩展你的视野,让你想到更多通往目标的途径。

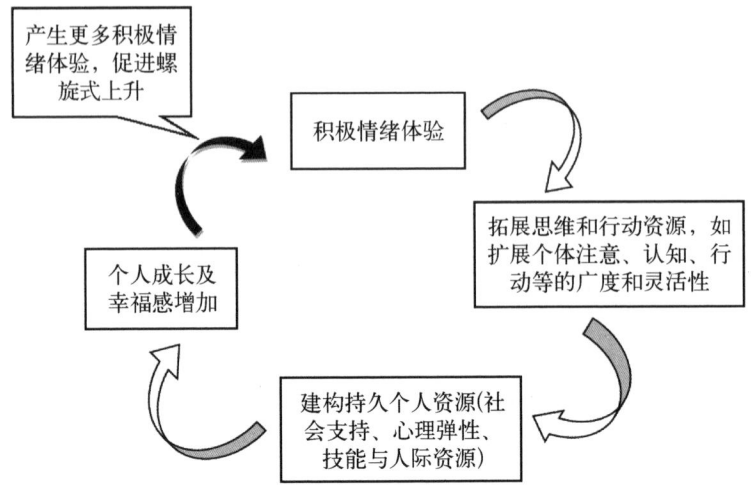

图 5-2 积极情绪的拓展与建构理论

资料来源：芭芭拉·弗雷德里克森(2010)；盖笑松(2017)

（2）积极情绪能增加创造力。

（3）积极情绪可以增加你的开放性，增加你对别人的信任。

（4）积极情绪会拓展人们对自己的看法，提高面孔识别能力，在自我和他人之间看到更多的联系，更愿意帮助他人，并且有助于消除人际偏见，促进人际关系的发展。

（5）积极情绪能够让你感到与大自然的同一性，与自然更和谐。

2. 积极情绪的资源建构功能

积极情绪的资源建构功能包括以下五点。

（1）积极情绪能促使细胞的生长，建构健康的身体。

（2）积极情绪能够建构品格优势。

（3）积极情绪能够建构良好的心智习惯。

（4）积极情绪能够帮助人们拓展人际资源。

（5）积极情绪能够增强心理韧性。

专栏5-3　科学发现

在图5-3思维小图片中,你看到的是三个正方形,还是一个三角形? 弗雷德里克森发现,人们是否能看见大局(即三角形),取决于他们当前的情绪状态。当处于积极情绪状态时,积极情绪能够拓宽人们的视野,人们的视野边界就会变宽,能够看见大的画面;当处于消极情绪或中性情绪状态时,人们的视野边界就会变窄,看不到大的画面,只能看到局部。

图5-3　思维小图片

布兰迪斯大学的科学家也验证了上述发现,他们利用眼动跟踪技术,让被试看电脑屏幕上的图片。同时,一部摄像机以60次/秒的频率记录被试眼球运动以及他们头部的运动。结果发现,在积极情绪的影响下,人们更多地环顾四周,并更频繁地注视周边的环境。积极情绪拓宽了我们生活的视野,扩大了我们的世界观。

资料来源:芭芭拉·弗雷德里克森(2010)

专栏5-4　科学发现

杨默研究团队发现,情绪低落可导致血清素下降,而血清素与骨髓干细胞的生长分化及移植有密切关系。血清素下降会引起干细胞功能受损,影响损伤细胞修复及血细胞再生,进而对身体免疫功能产生不利影响(Ye et al., 2014)。

> 拉博特和马丁(Labott & Martin, 1990)在一项实验中人为诱发被试的情绪状态,如让女大学生观看带有两段不同情绪色彩的录像,分别为幽默的和悲哀的,结果发现,观看不同情绪色彩的录像会影响被试的免疫功能。观看幽默的录像的被试,其免疫系统活动增强了(如 S-IgA 水平升高),而观看悲哀的录像的被试,其免疫系统活动受到了抑制(如 S-IgA 水平下降)。另外,拉博特和马丁的研究还发现,人们免疫系统功能的基线水平与其应对日常问题的情绪活动方式之间存在着明显的相关。那些经常用幽默作为应对机制的人,健康问题较少;而那些经常用哭喊作为应对机制的被试,健康问题就较多(年龄越大,健康问题越多)。

六、如何减少消极情绪

根据情绪产生的过程,从早期到晚期存在不同的情绪调节时机。美国斯坦福大学心理系教授格罗斯(Gross,2002)提出了情绪调节过程模型,对不同阶段的情绪调节策略及其功效进行了描述。如图5-4所示,情绪调节过程模型包含五步策略,分别是情境选择、情境修正、注意分配、认知重评和反应调整。前两个关键点的改变是针对外界环境,后三个关键点的改变是针对个体

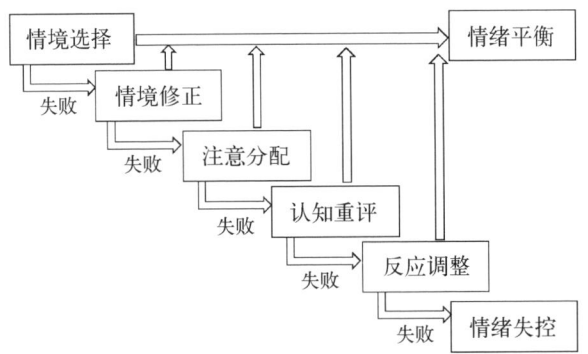

图5-4 情绪调节过程模型的五步策略

的主观认知、意志或行为。

具体而言,情境选择是情绪调节中最具有前置性的调节方法,人们会趋近或避开某些人、事件或情境,以避免或降低体验消极情绪的可能。例如,不去参加那个你预感糟糕的聚会。

情境修正是针对那些已无法选择的情境,为了让自己的情绪不至于太糟糕,努力想办法来改变情境。例如,当人处于一个令人尴尬的聊天情境时,通过转移大家的话题来修正、调整当前的情境。

注意分配是使注意力从原来的关注点转移到可以让自己觉得舒服的关注点,让自己的情绪不会非常低落。例如,当人们对某件事出现愤怒情绪时,会尽量去关注让自己愉快的事物来转移注意,以达到缓解愤怒的目的。

认知重评是指通过改变人们对事件的看法和信念,从而改变情绪。认知在情绪产生中起着重要作用,不同的认知对同一事件会产生不同的情绪结果。例如,别人踩了你的脚,你将这种行为解释为他人不是故意的,则会避免生气。

反应调整是指情绪已经被激发以后,尝试对情绪反应趋势如心理体验、行为表达和生理反应进行调节的方法,主要表现为降低或抑制情绪反应的行为表达。例如,别人踩了你的脚,他没有表示歉意,尽管你很生气,但你会努力控制自己的情绪,不发火,不大喊大叫。

情绪调节的五步策略,越在前期阶段着手调节,耗费的资源越少。相反,越在后期阶段着手调节,难度越大,效果越不理想。

课堂练习 5-1 缓解消极情绪

请你认真回想一下,在你过往的经历中,最让你感到烦恼的一件事是什么?你在面对这件烦恼事时,采用了情绪调节过程模型的第几步策略来缓解你的烦恼情绪?

  如果你曾经很遗憾地连最后一步策略也没用上,那么请闭上眼睛,重新在脑海中回放一下当时的事件情景,试着从第一步调节策略开始,重新编排一下剧情,也许事件的结果将会不同。

专栏 5-5　科学发现

  格罗斯及其同事做了大量的研究,他们发现,一个人越善于使用认知重评策略,他/她的心理健康水平(如幸福感、满意度)越高,抑郁水平越低,而使用反应调整策略(如抑制表达)的人,心理健康水平则较低。研究还发现,抑制情绪表达可能会对人们的情绪产生不利影响,抑制消极情绪表达会增强消极情绪体验,抑制积极情绪表达则会降低积极情绪体验。在格罗斯的研究中,互不熟悉的女性被试成对观看令人产生消极情绪的电影,之后,根据分组,要求被试采用反应调整策略、认知重评策略或自然反应策略对电影进行讨论。结果发现,相比于用认知重评或自然反应策略的被试,用反应调整策略的被试血压更高,另外两组则无显著差异。也就是说,对情绪进行抑制可能对身体健康和内心体验有不利影响。

七、如何增加积极情绪

增加积极情绪的方法有如下十种。

1. 保持真诚

不真诚的积极情绪是消极情绪的伪装。

2. 找到生命的意义

在日常生活中更频繁地找到积极的生命的意义。

3. 品味美好

从好的事情中寻找好的方面,将积极的事物变得更加积极。适时放慢生活的节奏,享受那些看似琐碎的生活细节及其蕴含的积极体验,品味可以使点滴的积极体验得到积累和持续以至升华。品味的对象可以是过去的经历,眼前的积极事件或美景,也可以是预想未来可能发生的积极事件。

4. 数数福气

将看似平凡的小事件当成福气。

5. 计算善意

善意和积极情绪相辅相成,只要认识到自己的善意举动,就能够启动良性循环。

6. 体验心流

心流,也叫沉浸体验,是指个体将精力全部投注在某种活动当中,以至于无视外物的存在,甚至忘我时的状态。它是人们体验到的一种积极的感受,这种感受能够给人以充实感、兴奋感和幸福感,因此也被称为"最佳体验"。

7. 将梦想形象化

为自己构想美好的将来,并将之形象化、具体化。

8. 与他人交流。

通过与他人交流,获得更多的积极情绪。

9. 增加户外活动

户外活动可以让你看得更远并拓展你的思维,对更多的事物感觉良好。

10. 建立积极情绪档案袋

将那些带给你积极情绪的事物和纪念品放到一起,装进一个档案袋,不断发展与更新它们。

专栏 5-6　科学发现

快乐实验一：快乐者更长寿吗？

肯塔基大学的研究人员丹纳、斯诺登和弗里森(Danner, Snowdon, & Friesen, 2001)集中研究了圣母学校修女会的 180 名修女，这些修女在年轻时就已经进入修道院，她们进院时间均在 1931—1943 年间。修女刚进修道院时，被要求以自述的方式来介绍自己的生活和最初选择加入宗教的原因。多年以后，这些自述引起了丹纳、斯诺登和弗里森的注意，他们想要通过这些自述考察修女的情绪状态以及情绪对其整体健康状况的影响。在修女的自述中，他们特别关注可能表达某种情绪的语言，包括积极情绪与消极情绪。如有位修女主要表达的内容为感谢上帝恩赐，并表示今后会尽力传播上帝的信仰，净化自己的心灵，这是一位情绪平静的修女自述。而另一位修女的言语则表现出强烈的积极情绪，如她会用"赐予我神圣""很愉快的时光"等语句介绍自己的生活，从这些语句中可以看出修女充满了积极情绪。

丹纳、斯诺登和弗里森对修女的自述中表达情绪的内容进行评分，按照快乐程度排序，前 25% 作为最快乐的修女，后 25% 作为最不快乐的修女，并比较她们的寿命。这项研究进行的时候，有些修女已经不在世了。表 5-4 列举的是最快乐的修女与最不快乐的修女的寿命比较。

表 5-4　最快乐的修女与最不快乐的修女的寿命比较

	活到 85 岁	活到 93 岁
最快乐的修女	79%	52%
最不快乐的修女	54%	18%

资料来源：埃德·迪纳，罗伯特·迪纳(2010)

研究结果显示,最不快乐的修女组,其死亡风险是最快乐的修女组的 2.5 倍。在自述中,使用了许多表达积极情绪词汇的修女,其平均寿命比那些较少使用这些词汇的修女多 10.7 年。

快乐实验二:爱笑的人更幸福吗?

赫滕斯坦等(Hertenstein et al., 2009)通过大学生每年的合影照片来对大学生的微笑进行编码,主要考察眼轮匝肌和颧大肌的运动情况,两者的配合可以使人们展现出微笑。眼轮匝肌可以使脸颊上升并围绕在眼睛周围,且它的运动是不自主的;颧大肌可以使嘴角上扬形成微笑。通过编码两个部分的运动幅度,可以得到人微笑的强度。结果发现,通过照片得到的微笑强度越大,后期离婚的可能性越低;而微笑强度低的人,相对更可能离婚。

实践作业 5-1　彩色的星期

请将自己每天遇见的积极情绪事件在表 5-5 中记录下来。共十种积极情绪:喜悦、感激、宁静、兴趣、希望、自豪、逗趣、受激励、敬畏、爱。

表 5-5　彩色的星期

	星期一	星期二	星期三	星期四	星期五	星期六	星期日
喜　悦							
感　激							
宁　静							
兴　趣							
希　望							

续 表

	星期一	星期二	星期三	星期四	星期五	星期六	星期日
自 豪							
逗 趣							
受激励							
敬 佩							
爱							

实践作业 5-2　随喜故事(为别人的喜悦而喜悦)

对于你过去较疏远、陌生或是不算很喜欢的那些朋友、亲人、同事、同伴,当他/她遇到了幸运的事情,高兴的事情,成就的事情,请你积极主动给予关注,发自内心真诚地表达祝福,分享他/她的愉快。你可以充满兴趣地了解与他/她的好事或优点相关的信息,真诚地为他/她的幸运而快乐。请与他人分享,最好配图。提示语"随喜故事之……"

实践作业 5-3　天天都是感恩节

请你每晚在入睡前,写下五件让你感到快乐的事,即一些让你感恩的事。这些事情可大可小,从一顿饭到与一个好友的畅谈,从日常工作任务到一个有意思的想法,你都可以写下来。如果每天都写的话,你可能会重复列出一些事情,重点是,在重复之外,为了让你每次回忆的情感

> 体验保持新鲜,请在把它们写下来的同时,去想象每件事当时的体验和感受。当感恩成为一种习惯,我们会更珍惜生活中的美好,而不会把它们当成理所当然。你可以自己做这个练习,也可以与你爱的人(比如爱人、子女、父母或者兄弟姐妹)一起完成。共同表示对生活的感恩可以让彼此关系更加亲密和谐。

拓展阅读

➢ 芭芭拉·弗雷德里克森,2010.积极情绪的力量[M].王珺,译.北京:中国人民大学出版社.

在这本书中,弗雷德里克森通过多年的研究向我们传授了减少消极情绪和增强积极情绪的方法。

思考题

1. 若把消极情绪降为零的话,生活会怎么样?
2. 从进化论的角度来看,积极情绪和消极情绪各有什么功能?
3. 请举例说明积极情绪的资源拓展功能。
4. 请举例说明积极情绪的资源建构功能。
5. 有哪些减少消极情绪的方法?
6. 有哪些增强积极情绪的建议?

第六章

积极的体验

> **学习目标**
> - 了解沉浸体验的内涵及其特征
> - 掌握在工作、家庭生活和休闲活动中获得沉浸体验的途径
> - 形成心理复杂性,增强适应能力

沉浸体验(flow experience),也被称为心流,是指个体将精力全部投注在某种活动当中,以至于无视外物的存在,甚至忘我时的状态(Csikszentmihalyi, Larson, & Prescott, 1977)。它是一种积极的体验,这种积极的体验能给人以充实感、兴奋感和幸福感,也被称为最佳体验(optimal experience)。例如,钢琴家演奏音乐,全身心都在每个音符、节拍上,甚至忽略了灯光、台下的观众和掌声,身体不自主地随着音乐晃动。这种全神贯注的情况下,钢琴家沉浸其中,获得最佳体验。

想要获得沉浸体验,我们需要追求一种能力与挑战的平衡,能力高于或低于挑战都不会产生沉浸体验。只有当我们面临的挑战与自身能力相互匹配时,我们全身心地投入到挑战之中才可能触发沉浸体验。在这种条件下,人的注意力开始凝聚,逐渐进入心无旁骛的状态,其体验与感受异于平常。根据挑战与能力的高低可以区分出不同的心理状态,其中有能力高于挑战的厌烦,也

有能力低于挑战的焦虑,而心流只发生在能力与挑战匹配之时(如图6-1所示)。

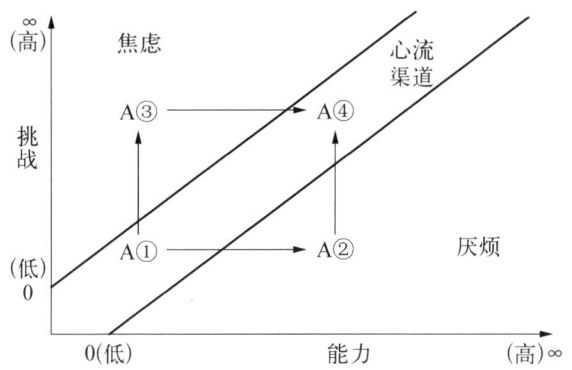

图6-1 随着挑战与能力的高低转变,人们的体验与感受发生的变化

资料来源:盖笑松(2017)

一、沉浸体验的特征

沉浸体验共有八个特征,其中包括五个条件性特征和三个体验性特征。当条件性特征满足以后,个体自然就感受到体验性特征了。

1. 沉浸体验的条件性特征

在挑战与能力的平衡中才能获得沉浸体验,人们想要收获沉浸体验,需要具备以下五个条件。

(1)清晰的目标

确切地知道自己所进行的活动,明确其意义和结果。

(2)挑战与能力相平衡

尽全力接受挑战,并达成目标,有可能产生沉浸体验。沉浸体验多半来自个人能力与任务难度间的平衡。

(3)潜在的控制感

拥有控制事件的力量,这种控制感在沉浸体验中并不是有意识达成的。

例如,登山者对风险的掌控,驾驶员对车辆的掌控,歌唱家对发音器官的掌控。

(4) 专注于任务

全神贯注的状态,拥有高度集中的注意力,丝毫容不下无关的念头或情绪。

(5) 即时的反馈

获得迅速和清楚的反馈,确定所有事情都按计划执行,迅速和清楚地监督个体行为。例如,电子游戏中实时更新的生命值、弹药、金币的数量值,课堂上教师对学生解题正误的反馈。

2. 沉浸体验的体验性特征

在收获沉浸体验时,我们有三种具体感受,即体验性特征。

(1) 行动与意识的融合

行动与意识完全合一的状态。例如,优秀的舞者随音乐起舞,伟大的球星轻松带球过人,驾驶员熟练地变道超车。此时,他们头脑中并没有清晰的步骤,但是身体器官像自动思考一样执行可以实现目标的动作。

(2) 自我意识的丧失

当人全神贯注时,一切动作都是不假思索的,几乎完全自动自发,个体和任务融为一体,出现了忘我的状态。

(3) 时间知觉异常

时间感有所扭曲,感觉时间过得更快或更慢,或者不会意识到时间的流逝。例如,在喜欢的游戏中,你会觉得几个小时很快就过去了;而在你注视花朵绽放时,你会感觉好像度过了漫长的一生。

课堂练习 6-1 回忆沉浸体验

请回忆你的三次沉浸体验,分别是工作和学习中的,休闲和兴趣活动中的,日常生活事务中的,讲述给同学听。

专栏 6-1 科学发现

德弗里斯(Devries)是荷兰一所大型精神病院的精神科医生,这家医院发经验样本法(experience sample methods,ESM)手册给病人填写,借此得知他们一天的活动、想法及感受。其中一位患有精神分裂症的女性患者,住院已超过10年。她思路不清,病情严重,很少有情绪变化。但是根据她两星期以内的经验样本法记录,医疗人员发现她有过两次情绪高涨的体验,都恰好是她修剪指甲的时候。医疗人员对此很感兴趣,便请专业人员将修剪指甲的相关技巧教给她,而她也非常好学,没多久她就开始为病友修剪指甲了。从此之后,她的性情发生了极其惊人的转变,院方也准许她在有监护人看护的情况下出院。从此,她在家中营业,为顾客修剪指甲,不到一年就可以自给自足了。她将修剪指甲作为自己需要的挑战的原因无人知晓,但对她来说,在当下以修剪指甲为生,至少使她拥有了沉浸体验。

资料来源:米哈里·契克森米哈赖(2011)

专栏 6-2 沉浸体验故事

庖 丁 解 牛

庖丁为文惠君解牛,手之所触,肩之所倚,足之所履,膝之所踦,砉然响然,奏刀騞然,莫不中音,合于《桑林》之舞,乃中《经首》之会。

文惠君曰:"嘻,善哉!技盖至此乎?"

庖丁释刀对曰:"臣之所好者道也,进乎技矣。始臣之解牛之时,所

> 见无非全牛者；三年之后，未尝见全牛也；方今之时，臣以神遇而不以目视，官知止而神欲行。依乎天理，批大郤，导大窾，因其固然。枝经肯綮之未尝，而况大軱乎！良庖岁更刀，割也；族庖月更刀，折也。今臣之刀十九年矣，所解数千牛矣，而刀刃若新发于硎。彼节者有间而刀刃者无厚，以无厚入有间，恢恢乎其于游刃必有余地矣。是以十九年而刀刃若新发于硎。虽然，每至于族，吾见其难为，怵然为戒，视为止，行为迟，动刀甚微，謋然已解，如土委地。提刀而立，为之四顾，为之踌躇满志，善刀而藏之。"
>
> 文惠君曰："善哉！吾闻庖丁之言，得养生焉。"
>
> 资料来源：庄子（2016）

二、沉浸体验与复杂性增长

1. 心理复杂性的作用

我们不可能总在同一层次追求沉浸体验，应该追求一种超越（即一种失衡状态），从而迎来新的平衡，而在失衡与平衡的过程中收获的是心理的复杂性。从人类的心智发展规律来看，心智从简单走向复杂。而在实现更复杂心智的过程中，打破既有平衡是不可避免的，只有这样个体才能寻求新的平衡。因此，成长就变成不断打破旧的平衡，从而获得新的平衡的过程。通过这种动态的辩证过程，发展得以持续并朝着更高的心智水平和更多的复杂性方向进行。具体说来，心理复杂性有以下三点作用。

（1）心理复杂性使人能够更好地评估面临的挑战及自身的应对能力。

（2）心理复杂性使人能够更好地选择适宜的情景并回避一些不适宜的情景。

（3）心理复杂性使人能够更善于改变自己以获得更好的适应能力。

罗杰斯对心理复杂性有着这样的描述："因此应该很清楚，个体对他自己来讲是可靠的，但不是明确地可预测的。举例来讲，在新的环境中，健康人的行为是他自己无法预测的,因为其行为取决于他当下的反应、期望及其他因素等。他丝毫不担心自己会有不适当的行为举止,但他并不清楚接下来要做些什么……相反,适应不良的人的行为是清晰可预测的,因为其行为是呆板的、模式化的,不过随着经验开放性和存在式生活的增加,其行为的可预测性也会逐渐降低。假若这样的人习得反对权威的反应模式……并因此拒绝或扭曲所有应该提供矛盾证据的经验,那么他的行为是清晰可预测的……我认为,当个体逐渐趋近于完全发挥机能的适宜状态,虽然其行为具有规律性且稳定,但是更加难以预测。"

2. 心理复杂性的特点

缺乏心理复杂性的人,或者容易陷入表6-1中的自动模式,或者容易陷入表6-1中的努力模式。心理复杂性强的特点是自动模式与努力模式的辩证统一,是一种更高层次的平衡模式,详见表6-1。

表6-1 三种模式具体内容

自动模式	平衡模式	努力模式
主体 作为主体,更愿意表达和控制	任何一方都不是主导,相互协调,既作为个体去表达,也以一种对他人开放的态度去倾听	受体 作为受体,更愿意依赖,被动接受,侧重于倾听
沉浸其中的投入 一种情感冲动,对探究某些事情有着强烈的兴趣,促使人们不断思考和行动,但是沉浸某些活动之中,往往过于自我投入,不能自拔,缺乏自我观察与反思	在热情投入的同时,也保持清醒的头脑来自省和调整,在投入和分离之间往返运动,在这两种模式之间达成和谐一致	客观分离的反思 一种自我分离状态,能够从客观的角度来审视和反思自己,及时发现自己行动所产生的问题
发散思维 产生多种不同的想法,探索多元视角,进行不同寻常的联想等,指向独特性和发现问题	在发散和辐合思维的某些时刻,需要一个更为辐合的心理框架来估计想法与现实的吻合度,即自由联想与思维规则相结合	辐合思维 从不同的信息中找出相同之处,是智力中理性的、问题解决的取向,有逻辑性、目标导向的思维方式

续　表

自动模式	平衡模式	努力模式
轻松的游戏 有意思的、轻松的、不考虑后果与责任的、异想天开的活动,可以引起积极情感	实现工作与游戏的结合,使两者形成和谐统一的关系,而并非相互干扰或此消彼长的关系	有纪律的工作 有纪律的工作往往伴随着高度的注意力,但通常较少有愉悦感,人们很快就会感到压抑与疏离
外倾 外倾的人喜欢处在行动的中心,以开放的态度与他人沟通、交流,能了解新事物和不同见解,但过度外倾会因为没有花时间对经验进行反思而停止成长	复杂的人既有乐群需要,又有独处的需要,与人相处宜人开朗,独自一人安静平和,这完全取决于当时的需求	内倾 内倾的人喜欢处在事件的外围,以便对正在发生的事情进行观察,不被干扰,能集中思考和反思,但过度内倾可能会因为缺乏刺激而丧失乐趣
兴奋 做事时精力充沛、兴致勃勃的状态	持续处在兴奋状态会由于资源的消耗产生疲劳,持续处在平静状态会由于刺激的减少失去动力,平衡状态是有退有进,动静结合的	平静 处事时冷静、淡定、沉着的状态
打破常规的新异性 勇于尝试,从而满足好奇心,摆脱倦怠和无聊	既尊重传统,又合理创新,使秩序性和新异性交叉平衡	尊重传统的秩序性 尊重那些被传承下来的观念和惯例,追求秩序感和控制感
当下 专注于眼前正在发生的事件或短期结果,但如果只在乎当下,会目光短浅,看不清未来的变化趋势,没有长远目标作为指引,会使人产生无目的的忙碌、空虚	根据当下的情形来构建想要的未来目标,同时为实现目标而付出当下的努力,享受追逐未来目标之路上的当下时光	未来 将眼光投在未来或长远的目标上,但如果只注重未来,不考虑当下的快乐,会让人陷入无限的辛劳之中
同化 将新知识纳入已有的知识结构,过度同化会使自我与环境的关系变得僵化,自我会对环境有习惯性的、刻板的、先入为主的偏见	信息的吸纳和图式的修改共同存在,以应对个体与环境的短期失衡,从而维持长久的平衡关系	顺应 先前知识不足以容纳新刺激,需要改变自己的认知结构来处理新情况,但过度的顺应会使人感觉到环境中的不确定性,显得缺乏目的感和能动性

> **课堂练习 6-2　反思自己的调节模式**
>
> 根据心理复杂性特点,反思自己是自动模式还是努力模式,归纳自己的调解习惯。在归纳自己的调节习惯后,说出自己需要作出哪些改变,试着向平衡模式过渡,实现更复杂的心灵。

三、如何获得沉浸体验

沉浸体验并不是抽象的概念,也不是纯然理想状态的假设,而是切切实实存在于生活中的点点滴滴。反过来说也是一样,只有在切实的生活中才能获得沉浸体验。

1. 工作中的沉浸体验

无论做什么事,若能既乐在其中,又不断成长,就是最理想的状态。所有的沉浸体验,不论是涉及竞争、投机,还是不涉及,都有一个共同点:它带来一种新发现,一种创造感,把人们带入新的现实,即它把自我变得更复杂,自我因而成长。处在沉浸体验下的人,在工作中能发挥潜能。人们在从事有利于锻炼自身技能,有利于个人成长及发挥潜能的工作时会感到快乐。

在工作中获得沉浸体验有如下两种方法:

(1) 培养自得其乐的性格

尽管工作环境里有重重困难,但是人们仍然能把限制化解成表现个人自由与创造力的良机,使工作充实且富有乐趣。

(2) 改变工作本身,使工作条件更适合获得沉浸体验

让工作变得像游戏一样——目标明确,既有适度的挑战,又有即时的回馈,这样体验到的乐趣就会越来越多。

这两种方法单独使用,不太可能使工作兴趣增加太多,只有双管齐下,才

能产生意想不到的最佳体验。

> **专栏 6-3　科学发现**
>
> 　　契克森米哈赖和勒费夫尔在 1989 年做了一项调查研究,实验对象是 78 位工人,对他们进行一个星期的追踪调查,结果发现,这些工人大多数的沉浸体验都是发生在工作时间,而不是在休闲活动中。对高中生的研究也发现了类似的结果,高中生在个人或者团队工作中的沉浸体验要高于听课、看视频或者考试中的沉浸体验,尤其是当他们体验到任务的挑战与自己的能力都很高,而且达到一种平衡的时候,他们会有更高的沉浸体验。
>
> 　　　　　　　　　　　　　　　资料来源:Csikszentmihalyi & LeFevre(1989)

2. 家庭生活中的沉浸体验

除了工作之外,人们也要享受家庭生活带来的沉浸体验。若夫妻能相互关心或热衷于相同的活动,就会产生共同的语言,共同的语言会使人们产生沉浸体验,家庭也会因沉浸体验而更加稳固。

养儿育女的过程中也会产生沉浸体验。当家长了解孩子的兴趣所在,亲子间的目标一致,将精力投注在共同的目标上,同时花时间参与孩子的活动时,亲子间的互动会产生更多的沉浸体验。

在日常生活最基本的活动中也能感受到沉浸体验。当人们专心于当下的行走,并为自己的行走提出一些要求的时候,走路也会产生沉浸体验。同样的沉浸体验,也会出现在人们做饭、刷碗等日常活动中。

3. 休闲活动中的沉浸体验

一般人认为,休闲活动不需要动用任何技能,人人皆可为之。但有证据显示,休闲并不比工作更令人快乐,拥有自由时间也不见得能提升生活品质,除非知道如何有效运用休闲时间。

休闲活动又可分为主动式休闲与被动式休闲两类。主动式休闲主要包括游戏与体育、爱好和社交,参与这类活动的青少年较易获得更多的沉浸体验;被动式休闲主要指比较松散、个人性的活动,包括思考、听音乐和看电视等,参与这类活动的青少年拥有较少的沉浸体验。

主动式休闲有助于个人成长,但并不轻松;被动式休闲不会让人感觉焦虑和压力,但没有机会运用技能。要想让休闲时光得到妥善运用,从中获得沉浸体验,必须动脑,付出工作般的专注和才智。

专栏6-4 科学发现

表6-2展示了各种休闲活动带来心流、松懈、淡漠及焦虑的时间比例。数字结果得自824名美国青少年提供的27 000项回答,各项的名称定义如下。

心流——高挑战、高能力;松懈——低挑战、高能力;淡漠——低挑战、低能力;焦虑——高挑战、低能力。

表6-2 各种休闲活动带来心流、松懈、淡漠及焦虑的时间比例(%)

	心流	松懈	淡漠	焦虑
游戏与体育	44	16	16	24
爱好	34	30	18	19
社交	20	39	30	12
思考	19	31	35	15
听音乐	15	43	35	7
看电视	13	43	38	6

> 结果表明,美国青少年的心流体验大约有13%在看电视中获得,34%在进行爱好的活动中获得,44%在游戏与体育中获得。由此可知,爱好给人带来的心流体验是看电视的2倍,游戏与体育带来的心流体验则是看电视的3倍。
>
> 资料来源:米哈里·契克森米哈赖(2011)

实践作业6-1 创造沉浸体验

根据沉浸体验的五个条件性特征,寻找在生活中可能具备的条件,为自己创造一个获得沉浸体验的机会,同时反思是否在其中获得了沉浸体验的三种体验性特征。

拓展阅读

➤ 米哈里·契克森米哈赖,2011.专注的快乐:我们如何投入地活[M].陈秀娟,译.北京:中信出版社.

作者介绍了沉浸体验的条件性特征和体验性特征,帮助人们把握创造沉浸体验的方法。

➤ 米哈里·契克森米哈赖,2011.当下的幸福:我们并非不快乐[M].张定绮,译.北京:中信出版社.

本书深入分析了沉浸体验产生的八大要素和通过掌控自己的意识来感受生活乐趣的方法。

思考题

1. 产生沉浸体验的条件性特征有哪些?

2. 沉浸体验会给人们带来哪些益处?
3. 怎样才能获得沉浸体验?
4. 请在你认识的人中找出一个自得其乐的人。
5. 举例说明心理复杂性的特点。

第七章

积极的发展

> **学习目标**
> - 了解积极品质的成分和作用
> - 掌握在课堂、社团、社会实践、家庭等活动中提供积极经验的技巧和注意事项
> - 重视发挥自身能动性,形成高层次的人生追求

早在 20 世纪初,青少年发展研究的鼻祖、美国心理学家斯坦利·霍尔(Stanley Hall)就把青少年期描述为"疾风怒涛般的"危险时期。20 世纪早期,西格蒙德·弗洛伊德(Sigmund Freud)把青少年期描述为受性压抑困扰的躁动阶段。20 世纪中期,爱利克·埃里克森(Erik Erikson)则将青少年期视为自我同一性混乱的危险阶段。以缺陷模型为基础的青少年心理发展的研究取向几乎持续了一百年。

20 世纪 90 年代,美国心理学家理查德·勒纳等倡导的青少年积极发展观才开始得到发展心理学的重视。

青少年积极发展观认为,尽管青少年时期确实容易出现很多发展性的问题(诸如辍学、酗酒、吸烟、游戏成瘾、抑郁、毒品依赖、早恋及过早性行为、同伴欺侮和青少年犯罪等),但成人的责任不应该只是定位于帮助青少年修补已出现的问题。因为我们不是要培养出一代没有问题的公民,而是要培养出能为

自己和他人的幸福与成功作出贡献的人,所以成人应该把目光投向青少年身上的美德。这些美德不但会促进青少年自身的发展,还会促进他们为身边的亲人、同伴、学校,乃至社会、民族和国家作出贡献,帮助青少年抵御诱惑,安全度过危险期,并帮助他们从消极事件中快速复原。

一、青少年积极品质的成分和作用

尽管不同研究者对青少年积极品质的分类及命名存在很大差异,但不同理论模型之间的互补性远比它们之间的差异性更加重要。研究者在遴选积极品质时,普遍遵循以下四条原则。

- 这些品质可以在青少年身上观测到,而且具有跨情境的稳定性和较好的概括力。
- 这些品质本身是有价值的,能给青少年未来的生活带来幸福和成功。
- 这些品质有利于青少年抵御成长中可能遭遇的发展风险,帮助他们度过人生中的逆境,克服逆境可能带来的不良影响。
- 这些品质在青少年阶段具有一定程度的可塑性,可以在环境或他人的影响下得以增强。

1. 理查德·勒纳的 5C 模型

心理学家理查德·勒纳等在"青少年积极发展的 4-H 研究"的背景下,提出青少年的积极发展包含五个方面的成分,由于五个成分的英文名字都以首字母 C 开头,所以被称为 5C 模型。五个成分包含的内容详见表 7-1。

表 7-1 理查德·勒纳的 5C 模型

5C	包 含 的 内 容
能力 (competence)	・认知能力包括获得与表达信息,对问题表现出好奇心,有创造力 ・学业能力是对学习价值的认同以及对学习活动的积极参与和努力投入 ・社会能力表现为能够预期不同的社会情境,并有能力根据预期作出合适的行为,行为与场合相适宜

续 表

5C	包含的内容
能力 （competence）	• 职业能力是工作中的协同和责任感 • 情绪能力是对情绪的识别、理解与管理
自信 （confidence）	• 对自身能够通过行动达到既定目标的感知
联结 （connection）	• 青少年对同伴、家庭、学校以及社会持积极态度并保持良好的关系，但不过分依赖他人
品格 （character）	• 尊重和内化社会规则 • 对善恶是非保持稳定的、与社会相一致的判断标准
关爱 （caring）	• 包括移情和同情，对他人的关爱，对社会正义的关注

资料来源：Lerner et al.（2005）

2. 彼得·本森的发展资源模型

彼得·本森（Peter Benson,2006）的发展资源模型是将生态环境特征（外部资源）与个人品质（内部资源）关联起来的理论模型。该模型认为，外部资源与内部资源就像一些动态互连的"积木"，共同防御高风险行为的发生，促进多种形式的积极发展。该模型一共列出了四大类二十种内部资源，具体内容详见表7-2。

表7-2 彼得·本森的发展资源模型

四大类	二十种内部资源
积极投入学习活动	• 学业上的进取心和成就动机 • 积极参与学校活动 • 重视和完成家庭作业 • 对学校有归属感 • 爱好阅读
积极的价值观	• 关爱他人 • 坚持平等和正义 • 正直 • 诚实 • 责任感 • 自控

续 表

四大类	二十种内部资源
社会技能	· 计划和决策能力 · 人际交往能力 · 接受社会主流文化的能力 · 抵御不良影响的能力 · 和平解决冲突的能力
积极的自我同一性	· 自我效能感和主观能动性 · 积极的自尊 · 有人生目标 · 积极展望个人前途

资料来源：Benson(2006)

3. 中国本土化的积极品质模型

前两种理论模型都是西方文化背景下的研究结果，由于存在文化差异，这些结果可能并不容易被中国教育者理解。为此，东北师范大学盖笑松教授的课题组在深圳、上海、长春等地开展了多项针对10—20岁青少年的研究（"青少年积极心理品质的发展机制与培养途径研究"项目）(盖笑松，2013)。该课题组通过对学生本人、同学、教师和家长开展开放式问卷调查、结构式访谈以及心理测量学研究，总结出中国本土化的青少年积极品质模型（具体结果详见表7-3）。

表7-3 中国本土化的青少年积极品质模型

人所处的三个世界	积极品质
人与自身的关系	· 独立自主 · 自我控制 · 挑战困难 · 积极乐观 · 稳重谨慎
人与他人的关系	· 乐群宜人 · 领袖品质 · 诚实正直 · 关爱他人

续 表

人所处的三个世界	积 极 品 质
人与外部世界的关系	• 兴趣与好奇心 • 灵活创新 • 热爱学习

资料来源：盖笑松(2013)

课堂练习7-1　身边的积极品质

回忆你熟悉的同学、朋友和师长,谁突出地表现出了哪种积极品质? 你可以记录在表7-4中,并和同学分享。

表7-4　身边的积极品质记录表

人　物	积极品质	体现该积极品质的故事

4. 积极品质的作用和结果

积极品质将带来三个方面的作用和结果。

(1) 拥有积极品质的青少年一般具有较高的心理健康水平,较高的幸福感,较强的学校适应能力和较为优异的学业成绩积极品质的发展将使青少年成为自己命运的主宰者,自我人生传记的真正作者,他们将更好地为自己的人生设置目标,选择方向和规划路径,从自在的世界跃入自为的世界,从自发地成长变为自觉地成长,从他律的被动成长转为自律的主动成长,为自己未来的幸福与成功作出贡献。

(2) 积极品质有利于青少年对其所处环境作出贡献

这具体可表现为以下两个方面:一方面,在家庭、学校等小环境层面,积极品质将帮助青少年为家庭、学校作贡献。在家庭中,青少年为父母分担生活压力,与父母共同面对困难,他们不再是父母照顾的对象,而是家庭幸福和希望的来源,为家庭作出贡献;在学校中,积极品质将使青少年用自己的力量影响同伴的成长,在班级的事务中负起自己的责任,为教师的工作提供支持和帮助,通过参与学校的活动、俱乐部或学校管理——甚至是服务于学校的各个部门,为学校作出贡献。另一方面,在社会的大环境层面,积极品质不仅能让青少年成长为没有问题的社会成员,而且还能够成长为乐于回馈社会,改变国家和世界的人。

(3) 积极品质有助于青少年抵御成长路上可能遇到的各种发展风险的威胁

有关韧性(或称复原力)的研究发现,青少年具备的积极品质越多,他们在不利的成长环境中出现问题的概率就越小,防御风险和抵御诱惑的能力就越高,对消极的同伴压力的抵抗能力就越大,在遭遇重大消极事件之后复原的速度越快,成长结果也越好。

5. 青少年积极品质测试

表7-5描述的语句在多大程度上符合你?在符合自己的选项上划"√"。

表7-5 青少年积极品质问卷

	题 目	一点也不符合	不太符合	不确定	比较符合	完全符合
1	遇到日常生活中的小问题时,我会想到一些新颖的解决办法					

续 表

题 目	一点也不符合	不太符合	不确定	比较符合	完全符合
2	我从来都不吃零食					
3	我很乐意参与为灾区儿童献爱心的活动					
4	我有能力把大家号召起来去做某件事情					
5	我喜欢听取别人给我提的意见					
6	我经常激励自己面对更高的挑战					
7	对我来说,学习并不是一件苦差事					
8	策划班级活动时,我可以提出一些别人想不到的活动构思					
9	我从来都不哭					
10	如果忘记写作业了,我不会找借口,而是主动承认					
11	我善于根据同学的特点合理地分配工作					
12	每天我都有学习的小目标					
13	对于我不喜欢但却很重要的功课,我能有始有终地完成					
14	我不作草率的决定					
15	教材中的很多内容都很有趣					
16	讨论问题时,我经常有与众不同的观点					

续表

	题　　目	一点也不符合	不太符合	不确定	比较符合	完全符合
17	我经常阅读课外书					
18	我从来没有失约过					
19	我能组织同学圆满完成任务					
20	如果朋友犯了错,我会原谅他					
21	为了实现目标,我会规划各种做法和步骤					
22	我做事情时,都是先想好了再做					
23	我觉得最近做的事情非常有意义					
24	我经常看新闻					
25	考试题不会做时,即使有机会,我也不作弊					
26	在讨论中,我虚心倾听反对我的观点					
27	我总是试图发现每个人身上的优点					
28	如果我的学习计划没有完成,我不会参加娱乐活动					
29	当发现自己的问题(如恐高、写字不好)时,我会主动克服					
30	无论是学习,还是班级事务,我都会自己做完之后再检查一下					
31	我觉得每件不如意的事情都有积极的一面					

续 表

	题 目	一点也不符合	不太符合	不确定	比较符合	完全符合
32	学习是一种乐趣					
33	我从不说谎					
34	当同学生病时,我会想办法为他/她做点什么					
35	即使不被发现,我也不会弄虚作假					
36	每个假期放假后,我都会先制订这个假期的计划					
37	解答有难度的题目,让我很满足					
38	现在我正在为实现自己的理想而努力					
39	我喜欢了解历史方面的知识					
40	老师给我的考试成绩多算了几分,我会主动找老师改过来					
41	即使感到很累,我还会坚持看书,做题					
42	我喜欢文学					

问卷来源：张婵(2013)

*计分方式：

选择"一点也不符合"记1分；"不太符合"记2分；"不确定"记3分；"比较符合"记4分；"完全符合"记5分。

第7,15,32题测量热爱学习；第17,24,39,42题测量兴趣好奇心；第1,8,16题测量灵活创新；第10,25,35,40题测量诚实正直；第4,11,19题测量领导能力；第12,13,14,21,22,28,30,36,41题测量自我调节；第6,23,29,31,37,38题测量积极乐观；第3,5,20,26,27,34题测量关爱友善。

每种积极品质题目的平均分如果大于等于4,则其水平较高。其中,第2,9,18,33题为测谎题,如果这4题平均分大于4,则说明你的回答受到了社会期望的影响,测试结果相对不可信。

二、促进青少年的积极发展

1. 具备结构化和自主性特征的活动有利于青少年的积极发展

积极品质的形成,有其自身发展的规律,不能只依靠说教。它的发展规律就像身体肌肉的发展规律一样,遵循着用进废退的原则。也就是说,我们越是能创造出让青少年使用其积极品质的机会,其积极品质就越会在使用过程中得以发展。那么,青少年在什么样的环境和活动中才有可能主动使用其积极品质呢?心理学家德沃金、拉尔森和汉森(Dworkin, Larson, & Hansen, 2003)指出,当活动具备结构化和自主性两个核心特征时,青少年更可能主动运用其积极品质。

(1) 结构化

结构化是指活动的目标明确,任务清晰,反馈及时,并且具有一定的挑战性和复杂性,需要参与者持续的努力和专心致志的投入。

(2) 自主性

自主性是指参与者愿意投身其中,认同活动的价值或者沉浸于活动的乐趣之中。活动允许青少年自主设置目标,制定计划,选择任务和设置规则等。

专栏 7-1 科学发现

研究者采用经验样本法分析青少年在不同环境中参与不同活动时的状态。研究者为被试佩戴一个电子装置,这个电子装置在每天的不同时间段会发出提示音。当它发出提示音时,被试就要记录当时自己正在做什么以及当时的状态体验。分析收集的数据后,研究者发现,当青少年在课堂学习时,因为学习内容具有复杂性、挑战性和一定的难度,所以他们的专注度很高,但会时常出现烦躁情绪,内部动机水平很低(如图7-1所示)。当青少年从事一些休闲活动(如看电视,与朋友在一起)

时,他们的内部动机水平很高,但由于活动不具备挑战性,所以专注度很低(如图7-2所示)。青少年只有在参与有成人指导的、目标明确、结构清晰、反馈及时的结构化活动时,内部动机和专注度才会都处于比较高的水平(如图7-3所示)。研究者认为,促进青少年积极发展的关键要素就在于,青少年能在内部动机的驱动下,因活动中真实的和适宜难度水平的挑战激发其专注力,并能在应对挑战和解决问题的过程中付出持续的努力。而高质量的结构化活动正是能促进青少年积极发展的优质外部资源。

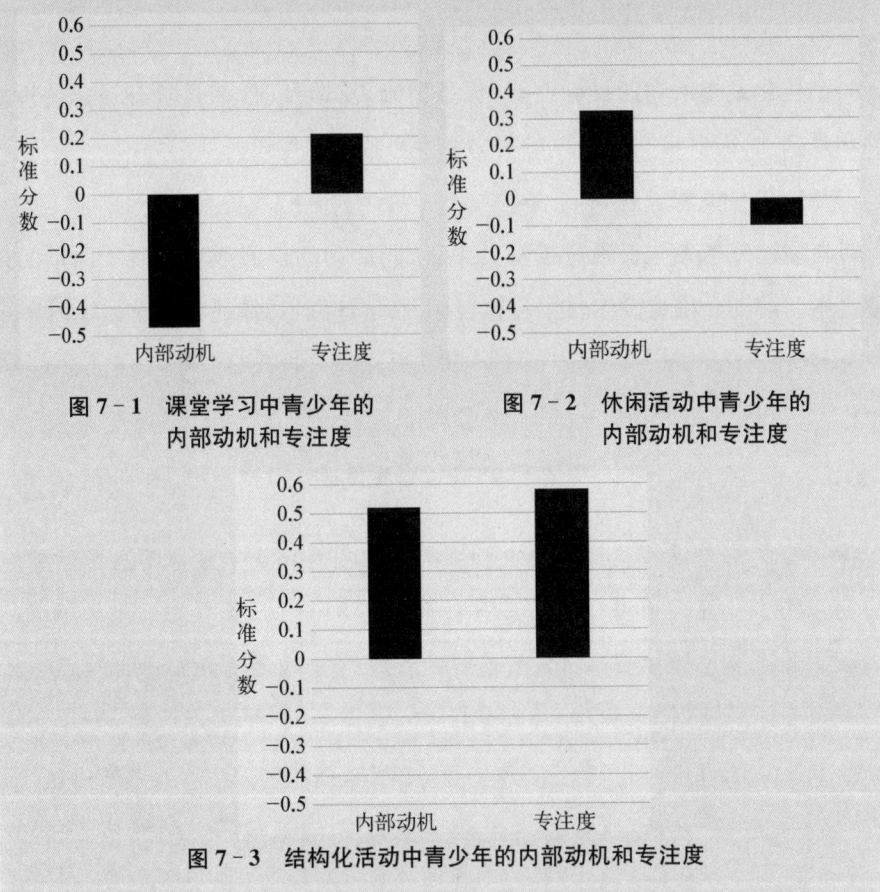

图7-1 课堂学习中青少年的内部动机和专注度

图7-2 休闲活动中青少年的内部动机和专注度

图7-3 结构化活动中青少年的内部动机和专注度

资料来源:Larson(2000)

2. 有利于青少年积极发展的环境特征

前文所述的心理学家彼得·本森的发展资源模型中二十种内部资源代表了青少年积极品质的内容。如表7-6所示,彼得·本森提出的二十种外部资源则代表了能够促进青少年积极发展的环境特征。

表7-6 促进青少年积极发展的二十种外部资源

四大类	二十种外部资源
支持系统	家庭支持;积极的家庭沟通;在成人(非父母)中获得支持;体验到邻里的关爱;体验到关爱的学校氛围;父母参与学校事务
被授权	社区重视青少年;在社区中被委以重任;服务他人;在家里、学校与邻里中感到自己是安全的
期望与规范	父母与青少年制订清晰的规范;学校清晰地列出学生要遵守的规范和违规的后果;社区规范监管青少年在社区内的行为;成人榜样;积极的同伴影响;成人对青少年的品行表达出明确的期望
有效地利用时间	参与创意活动;参与俱乐部、学校或社区组织的活动;参加社团;青少年每周与朋友出去游逛的时间应少于两晚

3. 课堂中的积极经验

与控制型或放任型教师相比,自主支持型教师创造的课堂环境更具备结构化和自主性的特征。在自主支持型教师的课堂上,每个学生都会充分感受到接纳、鼓励、温暖和关爱,他们可以按照自己的意愿来自主管理、监督及评价自己的学习。教师不仅欣赏每个学生的闪光点,而且还为每个学生的发展提供个性化"支架"。学生有足够的时间思考和讨论,他们可以按照自己的方式来解答问题,可以诚实地讲出自己的困难,而不必担心老师和同学的嘲讽。教师会为学生讲解课本知识的实践应用价值,认真听取学生的提问,及时回答学生的问题。教师能为学生创设清晰明确的学习目标,并对学习的进程和结果给予及时的反馈(高晓文,盛慧,2014;李涛,于涛,2015;Reeve,1998)。

(1) 自主支持的含义

当教师以控制、限制为主要目标时,创设的课堂环境就会抑制学生的主动性,不利于学生自主学习;当教师以促进学生自我发展为目标时,创设的课堂环境就会鼓励与支持学生的主动性,使学生积极主动地参与到课堂中。

(2) 教师的自主支持

教师的自主支持是指教师通过提供一系列有效的教学"支架"来帮助学生自主完成教师创设的任务目标。

教师要为学生创建一个充满接纳、鼓励、温暖和关爱的氛围;给予学生自主管理、自主决策、自我监督和自我评价的空间;向学生提出清晰的规范并明确告知各种违规行为之必然后果;给学生留出充足的自主学习和思考的时间;向学生强调课本知识的实践运用价值,重视建立知识与生活经验之间的联系,激发学生的好奇心及对学习任务的重视;重视征求学生的意见,学生可以选择开展学习活动的方式,可以自己设定想要达到的水平。

教师要给学生的行为表现以信息含量充分的反馈。简单的反馈,如"很好""对""不对"等,并不能很好地指导学生的发展,教师要给予学生更全面的信息性反馈。当教师给予肯定反馈时,要指出哪里是值得肯定的,如"××同学把问题解决得很好,因为他能够考虑到……";当学生没能很好地回答问题时,教师的反馈里应该指明改进的方向,例如"你是不是可以再考虑一下这个方向""如果你不那样处理……""可是你还没有利用这个条件"。

教师要为学生提供有效的教学"支架"。"支架"是一种比喻,描述的是在学生的最近发展区中,教师通过有效的互动措施,帮助学生完成他原本难以独立完成的任务。具体的教学"支架"包括教师讲解,样例学习,学生展示,教具使用,启发式提问,开放式讨论和同伴互助等,教师可以根据具体的情况选择最合适的教学"支架"。随着学生能力的提高,教师应逐渐撤走"支架",让学生独立解决问题,不断培养学生的自主性和独立性。

教师要给学生提供鼓励,及时地响应学生提出的问题。当学生在课堂上提出疑问时,教师应即时回应学生,如"你提出一个好问题,这个问题该怎么解决呢",然后采用教师讲解,开放式讨论或小组讨论等方式来解决学生提出的问题,而不是告诉学生"这个问题我们一会再说""这个问题下课你再单独问我"等。

教师要以学生的实际水平为出发点,理解学生在学习中遇到的困难。教师能感同身受地理解学生在学习中遇到的困难,如"对,这个比较困难""我知道这是一个困难的问题",并耐心帮助学生解决,而不是使用"怎么还犯这样的错误""这么简单的题都不会做"等语言来评价和指责学生。

教师要认真倾听学生发言。在学生发言时,教师应认真倾听学生发言,不随意打断学生。一方面,让学生感受到教师对他们的关注和尊重;另一方面,只有认真倾听学生的发言,才能更好地对学生的发言给予合理的评价与反馈。

教师要帮助学生理解学习目标并给予相应的指导和咨询。教师开始上课时,首先应强调本节课的学习目标及重难点,让学生对本节课的重要内容及大体流程有清晰的了解;对不同水平的学生给予差异性的指导,这样能使学生感到自己能够把握课堂的学习内容,明确下一时段要学习的内容或开展的活动。

教师要及时询问和评估学生的学习效果。在讲完某个知识点后,教师通过简单的提问(例如"你们对这部分内容还有什么疑问")来询问和评估学生对知识点的掌握情况,并针对学生仍存在的问题开展下一步教学。教师可以设计少量的题目来测查学生对当堂知识的掌握程度,也可采用学生自评、小组互评和教师评价等方式加以评估。

4. 社团和社会实践活动中的积极经验

(1) 社团和社会实践活动中的积极收获

青少年在参加社团和社会实践活动时可以获得积极的体验(Dworkin, Larson, & Hansen, 2003)。

- 促进青少年同一性的形成

在活动中,青少年可以尝试新的事物,获得新的体验,在体验过程中获得自我认识并了解自身局限。持续投入学校社团活动可以促进青少年同一性的形成。

- 促进青少年主动性的发展

在活动过程中,青少年的主动性可以得到发展。主动性的发展体现在青少年基于对自身问题的反思和对当下情境的不满,愿意改变现状,并愿意为了达成某种目标而付出的努力中。

- 促进青少年基本技能的发展

包括主体控制自身情绪的能力,主体的认知技能以及主体的身体技能。

- 促进青少年策略性思维的发展

例如,设定切合实际的目标,主动规划时间,持续付出努力等。

- 提高青少年情绪调节能力

学会控制愤怒和焦虑等消极情绪,掌握管理压力的策略等。

- 为青少年提供建立新的人际关系网的机会

在活动中,青少年可以与现有人际关系网以外的其他同龄人接触,建立新的人际关系网,从中体验到亲密感。此外,青少年还会与一些父母以外的成年人建立新的联结,比如社团指导教师和校外工作人员等。在与校外机构合作的活动中,青少年可以体验到来自成人的支持和帮助,并得到他们的指导和建议。

- 促进青少年团队合作能力和社会技能的提升

在和团队一起朝向共同目标努力的过程中,青少年可以提高与他人合作的能力,学会在活动中分配并承担各自的职责,学会调节彼此的情绪,还可以在组织活动中促进领导力的发展。

- 青少年获得沉浸体验

青少年在活动中会体验到注意力高度集中,所有不相关的信息和感受都被过滤掉的状态,也就是完全投入情景当中,获得沉浸体验。

课堂练习 7-2　社团活动中的积极经验与收获

回忆你参加过的最让你感到受益的社团活动,在表 7-7 中,根据你在该社团中收获的积极经验,在相应位置打"√",并在后面简要写下具体的事例。

表 7-7　社团活动中的积极经验与收获

积　极　经　验	是否收获积极经验	具　体　事　例
形成同一性		
发展主动性		
发展基本技能		
发展策略性思维		
提高情绪调节能力		
建立新的人际关系网		
提升团队合作和社会技能		
获得沉浸体验		

(2) 高质量课外活动的特征

高质量课外活动会为青少年提供更加丰富的积极成长经验(盖笑松,等,2013)。高质量课外活动应该具备如下特征:活动要具有清晰的目标,完善的计划,明确的规则和及时的效果反馈;要经常向参与者反馈目标实现程度;活动有一定的挑战性和难度;活动内容贴近真实生活;具备一定的活动强度和持续时间;活动的组织不仅是组织者和参与者之间一对多的关系,更应是参与者之间互动协作的关系;提供独立自主的机会,不强调竞赛性,多营造支持性、包容性的活动氛围。活动既令参与者感到兴趣盎然、全神贯注,又给予他们充分的自主决策和自主参与的空间;提供自我展示的机会;提供承担责任的机会;提供情感交流的机会;提供领导和组织的机会;提供服务和关爱的机会;提供接触社会的机会;提供感受社会支持的机会;提供观察学习的机会;提供接触优秀成年人的机会;提供发挥主观能动性的机会。

(3) 国外青少年社会实践活动项目的经验启示

- "第一发球台"(The First Tee)——体育锻炼类

该社会实践活动项目是世界高尔夫基金会于1997年创办的非营利性项目,起初是为了让更多的青少年接触高尔夫运动。如今,该社会实践活动项目的理念是在高尔夫运动的学习过程中,对青少年进行一系列的品格教育,包括诚信、正直、体育精神、尊重、自信、责任、坚持、礼貌待人和决策能力九项核心的价值观,重视培养青少年情绪管理、冲突解决、人际沟通、设定目标、计划未来和适应能力等生活技能。

依据参与者年龄、运动水平和接受能力等方面的差异,该社会实践活动项目共分为五个阶段:**初学阶段**(至少7岁),每位新学员需要进行自我介绍,学习高尔夫的基本技术动作、规则与活动中必须遵守的行为准则,并制订个人的初步计划;**熟练化阶段**(至少9岁),关注青少年人际交往和自我管理能力的提升;**接近标准化阶段**(至少11岁),提高青少年目标设定的意识和能力;**标准化阶段**(至少13岁),注重增强青少年的心理韧性,提高化解冲突和计划未来的能力;**竞技水平阶段**(至少14岁),运动技能水平达到标准者可授予资格证书,有机会成为高尔夫职业选手,同时也有机会成为新学员的教练。

在该社会实践活动项目中,教练的专业化是保证活动开展的重要条件。因此,教练要具备以下三种素质:第一,创设优质的活动氛围,使青少年在参与活动的过程中体验更多的乐趣和流畅感,帮助青少年在活动中建立"掌握技能"的目标,而非"超过其他人"的目标;第二,以青少年为中心,教练能从青少年的角度体验他们的感受并给予情感支持；第三，使青少年持续地学习，教练要能够敏锐地捕捉教育契机，针对青少年的表现给予及时反馈，使其学会对自己进行正确的自我评价。

- "大哥哥/大姐姐"（Big Brothers/Big Sisters）——学业辅导类

"大哥哥/大姐姐"是美国的青少年学业辅导类活动项目，有110多年的历史，遍及美国50个州。项目的基本形式是让具有亲社会行为的成年辅导者（18—19岁以上）对6—15岁处境困难的儿童或青少年进行辅导，在辅导过程中给予其持续、一致的支持和鼓励，建立亲密的情感联结。被辅导者以辅导者为学习榜样，在交流互动中认识到继续学业的重要性，树立自信，发展领导力、独立思考力和决策力。

在辅导内容上，学业辅导所占比例较小；在辅导形式上，主要分为社区辅导和学校辅导。

社区辅导依据双方的兴趣选择具体的活动内容，如一起郊游、运动、读书和参观博物馆等，重点是在一对一的共处时间建立信任和联结。项目机构还会定期组织集体活动，使儿童能接触到更多的成人和同伴。除此之外，父母也要积极配合，多关心儿童在辅导过程中的各种情况，并定期反馈给项目工作人员。

学校辅导是借用学校场地和设施开展的学业辅导形式，具体活动内容有：棋牌游戏、制作工艺品或只是在操场上散步谈心等。辅导者组织多名被辅导者进行有关促进发展的话题讨论。如12—14岁女孩小组讨论的主题包括：身体运动、健康饮食、自尊和有效沟通，目的是使其建立一个积极健康的形象，正确地认识自己，悦纳自己，发掘自身潜力。

辅导者的素养是影响项目有效性的关键。辅导者要做到以下方面：第一，参与项目至少持续一年，每周与被辅导者有1—4小时接触时间；第二，愿意与儿童或青少年成为朋友，给予他们持续、一致的支持，在交往过程中对被辅导者产生潜移默化的影响；第三，具有充满活力、成熟稳重、可靠、接纳、耐心、关怀、尊重、正直、诚实和守信等品质;第四,对被辅导者持非评判的态度,尊重其观点和想法,关注他们的品格优势;第五,使儿童或青少年获得更多福利;第六,赞同该活动项目的核心价值观、政策和程序。为保证项目的有效性,辅导者要接受项目工作人员的监督和实施质量的评估,同时定期用自评核查表对辅导过程进行自我评估。

- "四健会"(4-H)——综合性的社会实践类

"四健会"(4-H)是美国的一个非营利性青年组织,创立于1902年,在美国约有9万个俱乐部。"4-H"中的H是指四个以H开头的英文单词,它们分别是头/head、心/heart、健康/health和手/hand。该组织的宗旨是使青少年更清楚地思考,更有道德,更健康地生活和更广泛地参与服务。倡导青少年在实践中学习,重视培养他们的领导力、生活技能、公民意识和责任感。活动内容主要涉及科学素养、公民意识和健康生活三个领域。

在培养科学素养的活动中,青少年在学习环境科学和可替代性能源的知识时,可以通过实地考察的形式来获取地球现有资源状况的第一手资料,具备知识基础并亲自体验环境资源的状况后,将有机会在环境政策制定方面提出自己的想法和意见。

在培养公民意识的活动中,青少年通过与社区成年领导者的联结来促进公民意识的内化,清晰地意识到自己在公民事务中所应担当的角色。成人要尊重青少年在组织事务中的发言权、决策权与投票权。

促进青少年健康生活的项目,目的是保持青少年的身体健康,营养均衡,形成良好的卫生习惯。例如,青少年自己动手为家人制作医药箱并学习急救知识,在紧急情况下可以对伤员进行简单的应急性处理。

有效果评估研究发现,参加更多社会实践的青少年,往往能发展出更强的品格优势。

专栏 7-2　实践案例

澳大利亚的基隆文法学校（Geelong Grammar School）

该学校是一所将积极心理学运用于教学、管理等多个方面的基础教育学校。在学校中，学生将会学习如何调整自身的表达方式，如何建立积极的人际关系，如何应对困难。学校有一系列社团供他们选择，比如戏剧社团、运动社团、视觉艺术社团等。针对教师，学校会组织辅助教师运用积极心理学原理和帮助教师提升幸福感的活动，比如，如何组织学生运用和培养品格优势，如何管理教师自身的压力等。针对家长，学校会向家长讲授如何在家庭和养育中运用积极心理学，比如如何维持良好的家庭氛围，如何在家庭中运用品格优势和创造沉浸体验等。

大连市红旗高级中学

该学校在东北师范大学心理学院的指导下进行"幸福校园工程"的建设，旨在提升学生和教师的幸福感。该项目从以下三个方面进行幸福校园的建设。

- **教师幸福工作**

开展提升教师幸福感的工作坊，为教师提供学习积极心理学原理和应用实践方法的机会，提升教师的自我调节能力和职业幸福感；建设幸福课堂，通过调查，总结幸福课堂的特征，提升教师对幸福课堂的理解水平并指导教师建设幸福课堂。

- **学生幸福成长**

开展高质量的课外社团活动，增强课外社团活动中学生的自主性和活动的挑战性，为学生提供更有益于品格优势成长的活动机会；利用国内外生涯教育理论与实践经验指导生涯小组教师，打造生涯指导校本课

> 程；应用积极心理学理论，指导心理教师打造心理校本课程，如"高中生的幸福课"；建设"美丽心灵"测量评价系统，通过科学的心理学测量，实现对学生品格优势、生涯意识和幸福感等重要心理品质的监测。
>
> - 家长积极养育
>
> 建设家长学校校本课程，应用积极养育原理，打造家长积极养育课程，提升家长积极养育能力。

5. 家庭中的积极养育

积极养育方式比高控制的、溺爱的或者放任的养育方式，更有利于青少年的积极发展（Flink, Boggiano, & Barrett, 1990；孙蕾，王苏，盖笑松，2016；唐芹，等，2013）。促进积极发展的积极养育包括以下三个方面。

（1）接纳与共情

- 接纳子女的独特之处

父母能够接纳子女自身的特点，不强迫子女作出改变。

- 设身处地地理解子女

能够从子女的角度看待事情，理解子女的行为和情绪。

- 及时响应子女的需求

家长对子女的情感需要和物质需要及时作出反应。

- 参与和陪伴

父母能够主动参与子女所喜欢或经常从事的活动。

- 平等的交流方式

尊重子女的想法，让子女有表达的机会。

- 倾听

在亲子互动中经常与子女交流，倾听子女的感受、问题和想法。

- 表达积极的情感

父母能够对子女表达积极的情感,并对子女的良好行为或表现给予表扬或鼓励。

(2) 行为调节与监管

- 提前商定规则

与子女共同商定一些规则。规则具有明确性、一致性与适宜性的特点。父母对子女提出的要求和规则应该符合子女的发展水平和个人特点。

- 解释要求的前因后果

让子女理解为什么会提出某些要求。

- 把错误当作学习

帮助子女在错误中吸取经验,为未来作更好的准备。

- 对多个生活领域保持监控和了解

通过观察和询问,监控和了解子女在不同情境下遵守规则的情况。

(3) 自主支持

家长把生活中的选择权和责任逐渐让渡给子女;鼓励子女前瞻未来和规划下一步的事情;减少父母的控制性行为,使控制策略最小化,给子女的活动提供可选择的建议,鼓励子女参与自己喜欢或想要从事的活动,表达自己的观点;对子女的打算给予客观的评论和建议,对子女的行动进展给予信息丰富的反馈,帮助子女接触并了解成人世界的生活经验;接纳子女不完美的结果;在子女需要帮助的时候提供有效的支架式的帮助,当子女具有独立完成任务的能力时,逐渐取消父母的干预和帮助,以实现子女自主能力的发展。

6. 发挥青少年自身能动性

(1) 人生目的对积极发展的作用

已有研究成果揭示了人生目的对促进青少年积极发展的重要价值,如持有清晰人生目的的青少年,他们往往有更好的学业表现,有更多的积极情感和更高的生活满意度等(Bronk, Hill, Lapsley, Talib, & Finch, 2009; Burrow

& Hill, 2011)。

人生目的对青少年积极发展的促进作用体现在两个方面。

第一,持有清晰人生目的的青少年会主动寻求和接触环境中的积极因素。在清晰人生目的的指引下,青少年会主动在所参与的活动中获取能够提升自己的机会,强化他们的目的感,进而更加激发他们实现人生目的的动力。

第二,在向人生目的不断前进与努力的过程中获得的积极经验会塑造青少年的发展。与人生目的相关的活动中接触的事物或经验等,会不断整合成为青少年内在自我的一部分,最终表现出更多的品格优势,从而促进他们多个方面的积极发展。所以,人生目的清晰的青少年能够在活动中体验到更多的积极经验,表现出更高的积极发展水平。

对教育者而言,最要紧的任务是激发青少年产生使自己一天比一天更好的愿望。有了这样的愿望,青少年就会为自己主动设置目标,制订计划,不断反思和总结,实现主动的发展。直接教学(例如包含相关内容的德育课、心理健康课、主题班会课、电影课、传记阅读课、成长小组,等等)可以激发青少年自我塑造的意愿。多项研究证据表明,以"自我同一性""未来取向""人生导航"等主题开展的具有一定强度和持续周期的直接教学或训练能够对青少年积极发展产生一定的促进作用。生涯教育实践也表明,激发青少年未来取向的生涯教育活动对其学习动机、学校成绩等诸多指标都有良好的促进作用。

(2) 人生目的的不同层次和类型

戴蒙(Damon,2004)的研究发现,不同层次的人生目的具有不同的作用:积极正向的、对社会有益的人生目的,尤其是超越自我的人生目的,不仅能够带来持续的激励、动机和复原能力,促进自身的发展,还能为他人的幸福作出贡献;扭曲的人生目的也许会带来短暂的激励感,但会在与日俱增的怀疑和不确定中消耗,或者被突如其来的自我毁灭摧毁。

拥有清晰正向人生目的的青少年更有可能获得积极发展,感到幸福和满足,也更有可能找到人生的意义。而那些缺乏人生目的的青少年,常常在焦虑和空虚中度过，找不到自我发展的方向，拒绝作出承诺，逃避承担责任。

戴蒙认为，现在的年轻人大致可以分为四类。

- 缺乏人生目的的疏离者

这些人没有采取任何行动去追求有意义的人生目的，他们往往对自己以外的世界不太关心，对其有一种冷漠且疏离的感觉，或者会把兴趣局限在追求个人的享乐和虚荣之上。

- 空想者

这些人通常拥有一些不切实际的想象，甚至会幻想自己将对世界作出极为重大的贡献，但是他们几乎没有采取任何尝试将自己的想法付诸实践的行动。

- 摸索者

他们兴趣广泛，参与很多活动，但不清楚这些活动与未来生命里需要完成的事情有什么关联。这些兴趣往往持续时间比较短暂，没有形成持久的目标，还处在摸索人生目的的阶段。

- 有目标的前行者

他们已经发现一些有意义的活动，并且献身于这些活动。这些兴趣已经维持一段时间，而且清楚地知道自己想要在这世界上完成的事情以及为什么要这么做。

专栏 7-3 科学发现

朔恩和波莱克 (Schoon & Polek, 2011) 对 1958 年和 1970 年出生的 10 000 余名被试进行了长达 18 年的追踪研究。在这两组被试 16 岁时测量他们的受教育程度、职业抱负和家庭背景。结果显示，在这两组被试 16 岁时测量的职业抱负，即使在控制了家庭、社会背景和一般认知能力的情况下,也能预测被试在30多岁时的职业成就。与那些没有那么大职业抱负的同龄人相比,那些有职业抱负的人更有可能参加继续教育。由此可见,职业抱负水平可以预测人们未来的发展。

实践作业 7-1　假如我当了教师

回顾自己的学习生涯,哪位教师表现出自主支持行为?他对你产生了怎样的影响?以"假如我当了教师"为题,谈谈你会如何创设促进学生积极发展的课堂环境。

拓展阅读

➢ 理查德·勒纳,2011.积极青少年的6种品质[M].张卫,甄霜菊,译.上海:华东师范大学出版社.

这本书从青少年积极发展的视角向传统的青少年"问题缺陷模型"提出了挑战:不再把青少年当作有待解决的问题,与其盯住他们的缺点,不如看重他们的力量或优势;每一位青少年,不论背景或能力,都有向着积极、成功方向发展的潜力。为此,这本书提出了5种积极品质——能力、信心、人际关系、品格和关爱,以助力青少年的积极发展。当5种积极品质联合起来时,第6种积极品质的贡献也会随之出现。除此之外,这本书还详细地介绍了发展这6种积极品质的具体方法。

➢ 威廉·戴蒙,2015.人生观培养:父母最长情的告白[M].张凌燕,译.北京:机械工业出版社.

这本书关注的是年轻人的人生观培养,作者在书中提供了帮助年轻人寻找人生深层意义、幸福感和社会价值的有效方法。

➤ 简·尼尔森,琳·洛特,2009.正面管教:如何不惩罚、不骄纵地有效管教孩子[M].王冰,译.北京:京华出版社.

这本书讲述的是一种既不惩罚也不娇纵地管教孩子的方法,书中指出和善而坚定的气氛有助于培养出自律、责任感、合作以及自己解决问题的能力。

思考题

1. 举例说明哪些积极品质是青少年具备而幼儿不具备的。
2. 回想你的中学同学,谁的哪项积极品质令你印象深刻?
3. 青少年期能观测到的积极品质有哪些?
4. 积极品质有何作用?
5. 具有什么特征的活动最有利于积极品质发展?
6. 具有什么特征的环境最有利于积极品质发展?
7. 什么样的青少年更可能发展出更多的积极品质?
8. 请你设想如何运用积极发展原理去改进教育实践。

第八章

积极的人际互动

> **学习目标**
> - 掌握慈心冥想技术,运用积极主动式回应进行人际互动
> - 了解积极性共鸣的内涵以及积极的工作环境的特征
> - 形成积极人际交往的态度,树立高层次的工作目标

人既有生物属性,又有社会属性。怀恩-爱德华兹(Wynne-Edwards, 1962)认为,从人类的进化路径来看,自然选择的单位应该是群体而非个体。群体生活是人类获取生存资源,实现成功繁衍的基本保障。合作利他行为作为群体选择的内在动力,在人类社会的进化中也发挥着重要作用。人们之间需要建立合作利他的行为模式,这种行为模式有助于早期狩猎采集社会形态中的生存适应。在高度文明的今天,与他人的互动合作依然是现今人类社会发展的时代主题。学会与他人合作共处,是人类社会一直以来最具挑战性的课题之一。

在情感上,人类是群体动物,不可避免要寻求与群体内成员积极的人际关系。积极的人际关系对人类来讲十分重要。

我们可以通过学习和练习改善与他人的关系。对待他人,可以多给予一些真诚的关注,学会从占有转变为给予;对待工作环境,要学会从竞争转向双

赢。多与他人形成积极的情感共鸣,建立积极的人际互动,是我们获得幸福的有效途径。

一、慈心冥想

慈心冥想(loving-kindness meditation)是心理学家弗雷德里克森等提出的一种心理练习技术。它是针对人们生活中常被困扰的问题,借鉴"方便善巧而得解脱"理念而升华出的一种科学理论与实践方法。慈心冥想作为一种情绪调节策略,可以用来培养积极情绪,缓解消极的情绪反应,增进对他人的共情能力和积极态度。

1. 慈心冥想的内涵与功能

(1) 慈心冥想的内涵

慈心又称为"四无量心"(four immeasurable),其中"无量"指的是没有任何局限与分别,无论对自己,对所爱之人,对所恨之人,对与自己有关之人,还是对与自己无关之人,对一切众生都怀有慈、悲、喜、舍之心。克劳斯和西尔斯(Kraus & Sears,2009)认为,它是面向一切世人的四种高尚态度。具体而言,慈(kindness 或 friendliness),指友爱之心,慈爱众生并给予快乐,即愿人得乐的意思;悲(compassion),指悲怜他人受苦的同情心;喜(appreciative joy 或 empathic joy),指随喜,喜他人之喜,即为别人的快乐或成功而感到喜悦;而舍(equanimity,acceptance 或 calm),则指不执着,不贪婪,即保持不带执着的接纳及内在的平静与怡然。

慈心冥想,就是培养慈心的冥想。它以冥想的形式,通过内部语言(如"愿他们平安健康"),把慈爱的感情投向自己、他人以及一切众生,进而达到一种安静、平和的内心境界。

(2) 慈心冥想的功能

慈心冥想可以在情绪不良时作为调节情绪的手段,如对愤怒、嫉妒等负性情绪的干预;有助于培养对他人的积极态度与共情,如人际关系调节及婚姻治疗;有助于个体在困境中提升自我同情,即友善地对待自我,而非进行严厉的自我批评,如应对自责、自卑、内疚和低自尊等;可以辅助某些疾病(如慢性疼痛)的治疗。

专栏 8-1 科学发现

弗雷德里克森等(Fredrickson, Cohn, Coffey, Pek, & Finkel, 2008)在 2008 年做了一个干预组—控制组随机分配的前测、后测干预研究,对被试(无冥想经验)进行历时 7 周的慈心冥想干预,内容包括每周 1 小时的团体干预及每日家庭作业。每次团体干预包括:进行 15—20 分钟的团体冥想;20 分钟检查被试的步骤并答疑;20 分钟讲解冥想的特点及如何将其和个人日常生活相联系。被试在家中每周至少进行 5 天的冥想练习。两组的比较结果显示,慈心冥想练习可提升被试日常生活中的积极情绪,且练习时间可以预测效果大小(如图 8-1 所示),而且积极情绪通过提升各种生理、心理和社会资源,间接地提升了生活满意度,缓解了抑郁症状。

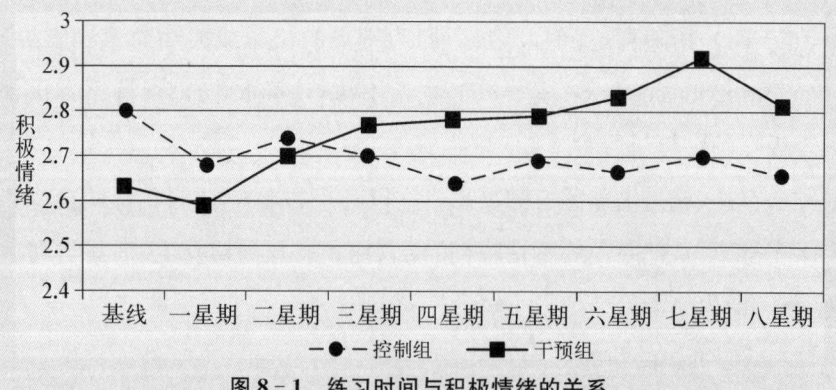

图 8-1 练习时间与积极情绪的关系

资料来源:Fredrickson, Cohn, Coffey, Pek, & Finkel(2008)

专栏 8-2 科学发现

卡森等(Carson et al.,2005)在2005年验证了慈心冥想辅助慢性腰痛治疗的效果。该干预历时8周,每周1次团体课程(90分钟),以慈心冥想练习为主,辅以知识讲解,小组讨论和辅助练习等。在课外,学员每天在录音指导下完成10—30分钟的慈心冥想练习。基于随机控制设计的干预研究结果显示(如图8-2、图8-3所示),与作为控制组的标准治疗组相比,在干预组中,慈心冥想显著改善了痛感与心理痛苦,且当日练习慈心冥想的时间越长,当日疼痛感和次日愤怒情绪就越低。

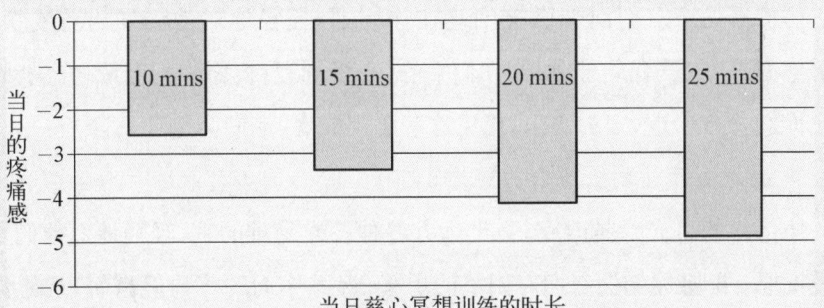

图 8-2 慈心冥想训练对疼痛的缓解

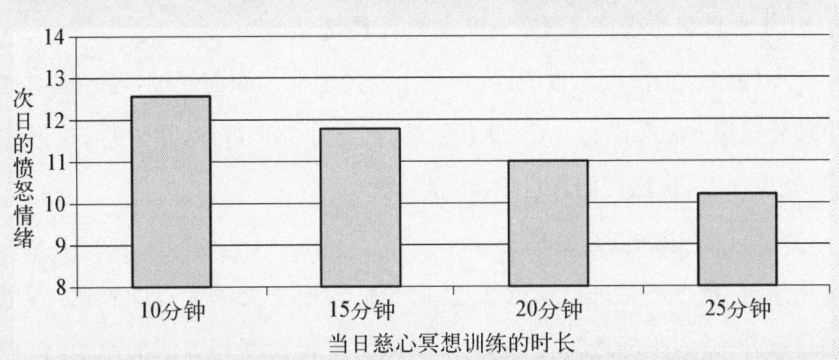

图 8-3 慈心冥想训练对愤怒情绪的改善

资料来源:Carson et al.(2005)

2. 慈心冥想的程序

(1) 进行慈心冥想

- 调整姿态

选择一个自己认为最舒服的姿势坐好,进行 3—5 次均匀缓慢的腹式呼吸,集中注意力于冥想内容。

- 对自我的慈爱冥想

仿佛看见自己是一个柔软的婴儿,轻轻地对自己发出慈爱之愿:祝愿我内心宁静,淡然微笑;祝愿我充满活力,掌控心弦;想象我心中的莲花缓慢绽放,花瓣柔软。

- 对亲友的慈爱冥想

仿佛看见亲友们面带微笑围绕在你周围,轻轻地对他们发出慈爱祝愿:祝愿你们平安,没有危难;祝愿你们平静,心里舒坦;祝愿你们健康,充满活力;祝愿你们善自珍重,守护快乐;想象这些愿望成真,他们会是什么样子。

- 对远方陌生的受难者的慈爱冥想

仿佛你的目光穿越时空,看见远方各种各样受难的人,轻轻地对他们发出慈爱祝愿:祝愿你们拥有面对困境的勇气;祝愿你们的疼痛能减轻;祝愿你们能渡过难关;祝愿你们各自珍重。

- 对自己曾怨恨厌恶过的人们的慈爱冥想

让那些你曾怨恨厌恶过的人,一个个缓慢地从你面前经过,轻轻地对他们发出慈爱祝愿:祝愿你们平安,没有危难;祝愿你们平静,心里舒坦;祝愿你们健康,充满活力;祝愿你们善自珍重,守护快乐。

(2) 慈心冥想的注意事项

冥想时,重点不是进行视觉联想,而是体验心中充满爱意的感觉,冥想的目的是敞开胸怀,平静地对待,避免不真诚的积极情绪和虚假的慈爱,诚心接受自己的真实情感。要学会相信身体的感受,而不是头脑里的想法。冥想的对象要循序渐进,从自己—喜爱的人—陌生人—不喜欢的人,同时平等地祝福自己、喜爱的人、陌生人、不喜爱的人、所有人或一切众生。这样的顺序有助于逐渐接受冥想的对象，不至于在心理上产生过强的冲击。

二、积极性共鸣

1. 积极性共鸣的内涵与益处

（1）积极性共鸣的内涵

每当人与人之间发生情感关系，并具有共同的积极情绪，生物化学反应和行为动作同步，相互关注等特性时，人们就会产生令人振奋的积极性共鸣。

- 积极性共鸣有三个特点

第一，两人之间具有共同的积极情绪；第二，两人身体的生物化学反应以及行为动作产生了同步效应；第三，两人之间具有映射性动机（彼此在意对方，相互关注）。弗雷德里克森将这三个特点同时出现的情况称为积极性共鸣。

- 积极性共鸣的表现

当彼此四目相对，真真切切地感受到对方的肢体语言与积极性情绪，在几毫秒之内，自己就开始与对方产生积极性共鸣。这样的情况发生得越多，自己就越能体会对方的感受，彼此更加欣赏，思想更加契合。两人渐渐有了相同的感受，进入同步状态，彼此合拍，积极性共鸣在两人之间建立起联结，彼此的心中充满积极情绪。当两人的情绪短暂融合时，彼此的情感交流是暖心的、开放的、可信的，彼此有着真挚的理解与关切。

- 积极性共鸣的特征

积极性共鸣的重要特征是彼此关注。当两人或多人之间产生了积极性共鸣，大家的大脑就会处于同一生物波长，出现行动一致和高度同步的情况，这就是"合一感"。如果双方共同关注的对象是其他目标而非彼此，那么即使他们同时产生了积极情绪，也不属于积极性共鸣。例如，当你坐在电影院里和其他人同为某个场景开怀大笑，当你亲临一场精彩绝伦的足球赛与邻座的人同为运动员欢呼呐喊,当你坐在沙发上和家人一起为观看的某个有趣的喜剧大笑,这种所谓的共同的积极情绪和同步的反应,并不能称为积极性共鸣。弗雷德里克森认为,它们仅仅类似于发展心理学家所称的平行游戏,而积极性共鸣的关键在于真实的联结。

课堂练习 8-1 积极性共鸣

回忆一次你与他人产生积极性共鸣的事件和你当时的心情,并与好友交流和分享自我的积极性共鸣体验。

---

(2)积极性共鸣的益处

- 形成并巩固亲密关系

积极性共鸣在人们之间发生的次数越多,越有可能发展出一种亲密关系。积极性共鸣不仅可以将彼此陌生的人联系在一起,也可以巩固已形成的亲密关系,而这些亲密关系是生活中舒适、支持力和友谊的来源。

- 提高复原力

在我们面对危险、麻烦和困难时,积极性共鸣可以提高我们的复原力,提高我们的情绪平复能力和应对能力。在我们面对逆境、创伤、悲剧、威胁或其他重大压力事件时,积极性共鸣可以让我们有一个良好的恢复过程,让我们更容易从紧张、压力的心态恢复到平和的心态。

- 变得更睿智

积极性共鸣能够激发集思广益的力量,与他人一起比独自一人能更好地解决难题。积极性共鸣还能够提升认知能力与智慧。老年人与他人接触得越多,认知能力下降与患阿尔茨海默病的风险就越低。研究发现,人们与朋友、邻居以及亲属间的交流频率与他们的认知能力明显相关。

- 变得健康

大量研究表明,享有多样化关系的人更加健康,寿命也更长。一项纵向研究显示,缺乏积极性共鸣对健康的损害比吸烟、酗酒或肥胖更严重。相反,受到关爱的人和拥有亲密关系的人患某些疾病的概率则明显较低。

2. 积极性共鸣的生物原理

(1) 镜像神经元

镜像神经元位于大脑皮层的腹外侧运动前皮层 F5 区。因为这个区域就像一面镜子一样,用于映照其他人的行动,所以这个区域的神经细胞被命名为镜像神经元。镜像神经元为理解他人的意图和体验他人的情感提供了生物学基础。

(2) 催产素

积极性共鸣的生物学基础还包括一种叫作催产素的神经肽。这是一种可以促成强有力人际联系的物质,也被人们称为拥抱激素或者爱情激素。研究者发现,催产素能发挥如下作用。

- 催产素可以促进人们形成相互信任与合作的关系,不过在诱发信任关系上,催产素较为敏感,并不是不加区分地诱发信任。
- 在催产素的影响下,人们对他人的眼神和微笑具有更高的敏感度,而且也对与积极联结相关的词语,比如"爱"和"亲吻"等,变得尤为敏感。
- 催产素能够调节杏仁核的活动。杏仁核是与情绪处理相关的大脑深层皮质下结构。在催产素的作用下,人们对威胁的警惕降低,寻求积极情感的需求增加,人们开始互相关注并回应。

3. 产生积极性共鸣的条件和方法

(1) 积极性共鸣产生的条件

- 安全的环境

环境对于积极性共鸣的产生十分重要。在一个充满评价、竞争、批判或指责的环境中,将很难产生积极性共鸣;相反,在一个非评价性的、被理解、被接纳、被关心的环境中,则更容易产生积极性共鸣。

- 人与人之间的联结

人与人之间的联结除了身体接触和语言表达的方式外,还有四个非言语性表达有助于积极性共鸣的产生:如你与另一个人之间频繁地微笑示意,两个人彼此间使用友好的手势,身体靠近以及彼此点头向对方表达肯定与认同。

(2) 产生积极性共鸣的方法

- 接纳他人与我们不同的价值观,不同的表达方式,不同的立场和不同的思维,尝试接纳他人而不是评价他人。
- 多考虑对方的需要,用亲切、友好的态度关心对方。
- 与他人交谈时,要学会体验对方的感受,尝试领悟对方想要表达的语句,并尝试在对方未言时提前把它说出来。
- 在交流中,我们要注视对方的眼睛,并通过眼神、微笑或言语等方式给予对方肯定的反馈,即使不同意对方的观点,至少也点头表示理解。
- 在交流中,我们自己内心产生的积极情感要及时表达出来,与对方分享。

专栏 8-3 科学发现

被人排斥会使人感到"心寒"

钟和莱奥纳尔代利(Zhong & Leonardelli, 2008)做了一系列关于"冰冷与孤独"的实验。

在第一个实验中,他们将 65 名学生被试随机分为两组。之后,请两组被试分别至温度恒定且相同的房间,请他们回忆过去发生的事情。其中,A 组被试回忆遭到他人排斥的情景,而 B 组被试则回忆被他人接纳的情景。回忆之后,实验者要求学生被试对房间的温度进行估计。结果发现,A 组被试对房间温度的平均估计值(21.44 ℃)要低于 B 组被试对房间温度的平均估计值(24.02 ℃)。

在第二个实验中,实验者设计了一个电脑传球游戏。游戏开始时,屏幕会显示除了操纵者自己外,还有其他 3 个人参与相互传球,实验者告知被试,其他 3 个人是由真人控制的,但实际上其他 3 个人都是由电脑控制的。52 名学生参与了这个实验,其中一半的学生为控制组,一直和那 3 个"人"玩得很好,在整个传球过程中间歇性地收到球;而另一半学生为排斥组,除了开始拿到两次球外,到后来就被彻底"遗忘"了,只能看着别人玩。实验结束后,实验者让两组学生在事先定好的食物和饮料单中选出最想要的,其中包括咖啡、热汤、冰可乐、苹果和咸饼干。结果,排斥组的被试大都选择了高热量的食物(如图 8-4 所示)。

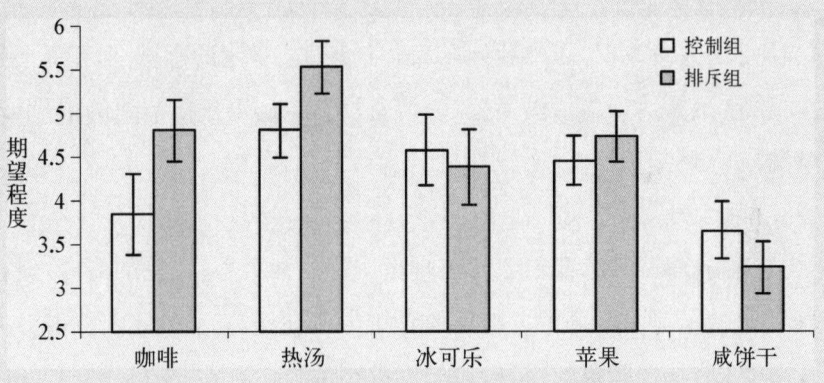

图 8-4 排斥组和控制组被试对食物的期望程度

资料来源:Zhong & Leonardelli(2008)

三、积极主动式回应

我们在与他人进行人际互动的过程中,可以有不同的回应方式。当别人与我们分享一件好事的时候,我们可以有关心和不关心的回应态度以及正面和负面的回应内容。如此一来,在人际交往过程中,不同的回应态度与回应内容的组合会形成如表8-1所示的四种回应风格。

表8-1 四种回应风格

	关 心	不关心
正 面	积极主动	积极被动
负 面	消极主动	消极被动

具体而言,这四种回应风格表现如下。

1. 积极主动

当他人分享好事时,我们能够主动表达热情、积极、真诚的关注态度,并在行为和言语上积极回应对方,传递积极情绪,如真诚地微笑,大笑,触摸对方,饶有兴趣地询问和了解该事情的来龙去脉,细节以及对方的感受,即属于积极主动式回应。

2. 积极被动

当他人分享好事时,虽然我们在言语上表达了肯定的意思,但态度上却显得冷漠敷衍,表现为回应话语简短,表情上没有传达出积极情绪的信号,即属于积极被动式回应。

3. 消极主动

当他人分享好事时,我们虽然表现出一种非常关心、关注的态度,但在反馈过程中传递的则是与分享方相反的看法与观点,语言上显露出打击对方的意味,情绪上传递出消极的信号,诸如大讲特讲这一事件的消极一面,即属于消极主动式回应。

4. 消极被动

当他人分享好事时,我们对该事情表现出漠不关心的态度,同时在语言上传递出批评、否定的意味,甚至伴以冷言冷语,使用消极言语刺激他人,在行为上没有眼神接触,甚至转身离开,即属于消极被动式回应。

显而易见,当别人与你分享一件好事的时候,若能以积极主动的方式回应,将更有益于爱和友谊的提升。

课堂练习 8-2　不同回应风格

请班级里的同学分成小组,以小组为单位编写心理剧剧本,在心理剧情节中要体现出四种不同回应风格的具体行为表现,以及不同回应风格所带来的不同影响。剧本编写完成后,请每个小组依次上台表演。

专栏 8-4　科学发现

有人陪伴更快乐吗?

为研究内向者和外向者在独自一人和有人陪伴时的平均快乐程度,卢卡斯和迪纳(Lucas & Diener,2001)做了一项调查。在一整天中,向被试多次随机发出提醒,要求他们接受一项简短的情绪调查,并说明自己当时的处境:是独自一人(独立环境),还是有人陪伴(社会环境)?结果显示,内向者和外向者都在有人陪伴时更快乐,如表 8-2 所示。

表 8-2　内向者和外向者在社会环境和独立环境中的快乐程度

	内向者	外向者
社会环境	2.4	2.9
独立环境	1.5	2.1

注:满分 6 分。

资料来源:埃德·迪纳,罗伯特·迪纳(2010)

四、积极的工作环境

1. 工作可能带来的收益

人类作为社会性群体,工作是其参与社会分工的过程。斯奈德等用收益性受雇(gainful employment)这一词语来概括工作可能带来的八种收益(详见表 8-3)。

表 8-3 工作带来的八种收益及具体表现

八种收益	具体表现
所承担职责的多样性	如果在工作中所需完成的任务变化多样,工作者就容易感到满意;反之,如果工作缺乏变化性,工作者就会感到厌烦,缺乏士气,丧失动机
安全的环境	安全和健康的物理环境
为家庭带来收入	工作收入的底线是满足家人和自己的需要
提供产品或服务带来的目的感	工作是人们生活目标的重要潜在来源,其中的潜在动力是感觉到为顾客提供了所需的产品和令人满意的服务,感到他们在为其他人或社会作出贡献
职业幸福感	人们可能从职业生活中获得幸福感,这些职业幸福感是生活幸福感的重要组成部分
投入和参与	成人生活中的沉浸体验多出现在工作时期,而非闲暇时刻。在工作中,人们更可能处于高挑战,高技巧的状态下,目标清晰,反馈及时,全神贯注,沉浸其中
自我效能感、价值感及目标感	工作是人们生活目标的重要潜在来源,人们在工作中更容易体验到自己能力的发挥和价值的实现
友谊和忠诚	工作为人们提供了与其他人交往的机会,在互相分享工作的困难和成功经历时,建立起彼此的情感联结

2. 工作的层次与职业选择

(1) 工作的三个层次

参与工作就意味着人们参与了各种劳动的具体责任划分。人们对工作的看法不同,工作带来的幸福亦不同。塞利格曼将工作区分出三个不同的层次:谋生的职业(job),成就的事业(career)以及人生的使命(calling)。

- 谋生的职业是指工作者为了薪水而工作，并不期待从中得到其他东西，工作只是达到经济目的的手段。
- 成就的事业是指工作者对这份工作有更深的投入，通过工作中的表现来显示个人的成就，也通过进步来彰显成功。
- 人生的使命是指工作者对这份工作本身充满了热情，使命导向的人认为，他们的工作有价值，这种工作本身就能带来满足感。

(2) 职业选择的 MPS 模型

某种意义上，工作是人们真正进入社会生活领域的重要行为，是人生的关键环节。沙哈尔的 MPS 模型能够帮助人们准确找到自己的人生定位。MPS 即意义（meaning），快乐（pleasure）和优势（strength）。

MPS 模型就是通过以下三个关键问题来问自己，进而寻找自己感到幸福的工作：什么带给我意义？什么带给我快乐？我的优势是什么？在尝试回答时，应注意三个问题的顺序不能颠倒，然后总结这三个问题的答案，这三个问题答案的交集就是最能使你感到幸福的工作。利用 MPS 模型进行职业选择的示例如图 8-5 所示。

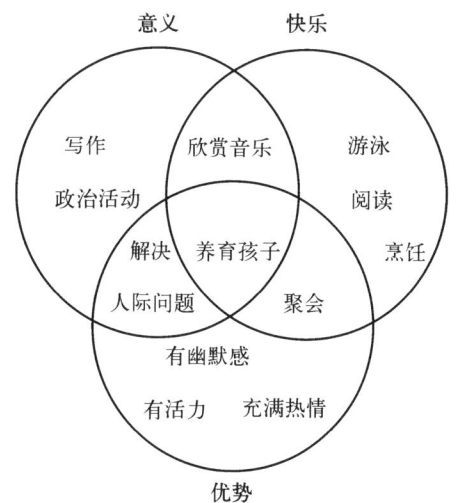

图 8-5 利用 MPS 模型进行职业选择的示例

3. 积极的工作环境的特征

研究者从各种行业中总结出十二条积极的工作环境的特征。

(1) 培养员工的使命感，而非成就定向或谋生取向，把员工的工作内容设计得既有挑战性，又有意义感。

(2) 公司的目标是和顾客建立持久的关系，而不只是实现一个给定的销售目标。

(3) 管理层不仅对员工提出较高的期望和合理的业绩标准,还要尽量提供支持以帮助员工发挥其潜力,提供培训促进员工的专业发展。

(4) 赋予员工多方面的自主权和灵活性,而非通过各种指令对员工进行多方限制。

(5) 营造一个公平竞争的环境,使每个人都有同等机会获取成功,晋升和津贴只与个人付出的努力多少有关。

(6) 可以有不同的职级和薪金,但要有相同的礼遇。公司底层的人员和其他员工(包括管理层)都会受到同等的尊重。没有谁让员工感到非常畏惧,包括管理层在内。

(7) 管理者以真诚的态度对待员工。

(8) 减少不必要的文书和苛刻的规章。

(9) 为员工提供清晰的目标和工作职责。

(10) 及时的检查和积极的反馈。

(11) 让员工参与政策制定并公开表达建议,征求员工的反馈意见并把这看作能够使公司变得更好的手段。

(12) 发现员工的才干优势,并让他们各尽其能。

专栏 8-5　科学发现

富 豪 的 快 乐

1985 年,迪纳、霍维茨和艾蒙斯(Diener, Horwitz, & Emmons, 1985)从《福布斯》上挑出 100 位最富有的美国人,这些人当时的个人净资产都在 1.25 亿美元以上,向他们寄出调查问卷,其中有 49 人配合完成了问卷。这 49 人中有 47 人对自己的生活很满意。另外,再选择 62 名普通人进行调查。

向这些富翁和普通人提问,什么让你感到快乐?结果显示,两者提到的快乐的原因均与金钱没有多大关系,更多的是来自愉悦的家庭关系,慈善事业,工作成就的满足感与骄傲。依照马斯洛的需要层次分类会发现,富翁更关注高层次的需要,如自尊、自我实现;而普通人更关注低层次的需要。但是,无论富翁还是普通人,都最关注爱这一层次的需要,如表8-4所示。

表8-4 富翁和普通人的回答按需要层次分类后的等级

需要类别	富翁($n=49$)	普通人($n=62$)
生 理	0.44	0.76
安 全	0.24	0.39
爱	1.33	1.25
自 尊	0.66	0.46
自我实现	0.71	0.55

注:0,参与者的回答与这种需要没有关系;1,参与者的回答可能反映了这种需要;2,参与者的回答清楚地反映了这种需要。

专栏8-6 人物故事

李万君(见图8-6),中车长客股份公司高级技师。为了实现我国高铁技术的"技术突围",李万君凭借一股不服输的钻劲儿、韧劲儿,一次又一次地试验,获得了一批重要的核心试制的数据,积极参与填补了国内

图8-6 李万君

> 空白的几十种城铁车、动车组转向架的首件试制焊接工作,总结并制订了30多种转向架焊接规范及操作方法,技术攻关150多项,其中27项获得国家专利。他的"拽枪式右焊法"等30余项转向架焊接操作方法,累计为企业节约资金和创造价值8 000余万元。在李万君的眼中,工作是他的事业,更是他的使命。

五、爱的艺术

1. 什么是爱

爱是一个古老而永恒的话题。古往今来,人们都向往纯粹的爱,人们都在追寻着爱,人们也在艺术作品中传递爱,揭示爱。但是,究竟什么是爱?不同学派的心理学家在各自学派的理论基础上对爱作出了不同的解释。

最初以弗洛伊德为首的精神分析学派认为爱是性欲的升华,爱产生的根源是被压抑的得不到满足的性欲。事实上,这种理论将爱归结于人格上的缺陷,马丁森(Martinson,1955)认为,寻求爱的人是因为自身有巨大的自我缺失感,他们需要爱,需要结婚才能建立长久的关系。皮尔(Peele,1975)则认为,爱情成瘾的人是为了逃避自我缺陷而把全部的精力放在爱人身上。

与上述理论相反,马斯洛等认为,具有健全的人格才能产生爱。马斯洛将爱分为匮乏的爱和需要的爱。匮乏的爱是人格有缺陷的人产生的爱,爱是必需品,没有爱他们会无法生活;需要的爱是拥有完美人格的人产生的爱,对他们而言,爱是无私的,是自我实现的最高境界。无论人格是缺陷的还是完美的,人都需要爱,当人对感情和性欲的需要都得到满足时才是一个健康的人。但是,爱的包容性和接纳性只会来源于完美的人格。

艾里希·弗洛姆(Erich Fromm)等从情感与态度的角度出发定义爱情,认为爱情是对待特定的人的一种态度,可以使个体减少分离感和孤独感。

爱是让人类摆脱人际孤独的不二之路，爱才能实现人与人之间的和谐与统一。

斯滕伯格将爱情看作是动态的，是随文化变化而变化的。爱是爱人者与被爱者之间的关系，包括伴随爱而来的想法、情绪和行为表现。

总之，爱是一种亲密关系。积极的爱可以提高人们的幸福感和生活质量，获得较为健康的恋爱关系或婚姻关系。

2. 影响爱情质量的个人因素

(1) 个人特质

依恋类型——安全型依恋的人在婚恋中拥有更积极的爱情，可以持续信赖对方并为对方提供足够的安全感，较少持有偏执的、盲目的爱；回避型依恋的人很难与别人形成深刻的联系；矛盾型依恋的人则经常在爱情关系中无事生非，引发矛盾，过度寻求慰藉和保证。

自尊——自尊水平较高的人更倾向于主动修复彼此的亲密关系，认为维护亲密关系比自我保护更重要。

(2) 情绪与情感

情绪反应——拥有较高情绪调节能力的人，可以与伴侣进行积极的互动和有效的沟通，向伴侣表达积极情绪。

情感支持——积极的情感支持可以维持亲密关系的质量，促进形成积极的爱。在一段亲密关系中，只有先感受到情感上的支持，才能感受到被理解与尊重。

(3) 行为模式

自我暴露——在一段亲密关系中，坦诚地向对方表达自己的真实感受与想法，可以促进彼此的喜欢、信任与满足感。

冲突解决——冲突在爱情中是不可避免的部分，冲突的解决方式影响着亲密关系的质量。在遇到冲突时采用积极的、实事求是的、以问题为中心而非以自我为中心的策略并接纳对方的消极行为，可以提高关系满意度。

(4) 认知风格

积极归因——幸福的亲密关系是将好行为归因于对方的内在因素,坏行为归因于对方的外在因素。减少消极归因可以减少冲突,使伴侣间的亲密关系更加密切。

3. 爱情三角模型

斯滕伯格的爱情三维理论认为,爱情有三种成分,分别是亲密、激情和承诺。

亲密是指两个人在一起引发的温暖和归属的情感。研究表明,亲密包含十种成分:(1)拥有让所爱的人感到幸福的愿望;(2)与所爱的人在一起感到快乐;(3)高度关注所爱的人;(4)尊重对方;(5)分享自我的所有;(6)接受来自所爱的人的情感方面的支持;(7)给所爱的人提供情感方面的支持;(8)能与所爱的人进行亲密的沟通和交流;(9)重视对方在自己生活中的价值;(10)互相理解。

激情是指一种性欲驱力或强烈的欣赏,激情使恋爱关系中的一方产生与对方合为一体的冲动,引发性吸引、体态吸引、罗曼蒂克冲动或爱情中与之相关的行为。激情既可能是积极的,也可能是消极的。积极的激情可以帮助人们渡过难关,消极的激情则会使人在冲动下作出错误的决定。

承诺是爱情中比较冷静的成分,是恋爱关系中的一方与伴侣长久维持关系的承认与许诺,大部分情况下短期决定优先于长久承诺。

斯滕伯格的爱情三维理论揭示了爱情的三种成分,完美的爱情,三种成分缺一不可。斯滕伯格进一步建立了爱情三角模型,将亲密、激情和承诺作为爱情三角模型的三个顶点,三角形重心到顶点的距离表示在一段爱情关系中,该成分所占的大小,三角形的面积表示爱情的多少。不同的爱情构成的三角形也不同,一段完美的爱情构成正三角形,不平衡的爱情构成不等边三角形,离重心最远的顶点表示在爱情中占主导的成分,离重心较近的顶点表示在爱情中不足或缺少的成分。将爱情三种成分不同排列组合,构成八种爱情类型(如图8-7所示)。

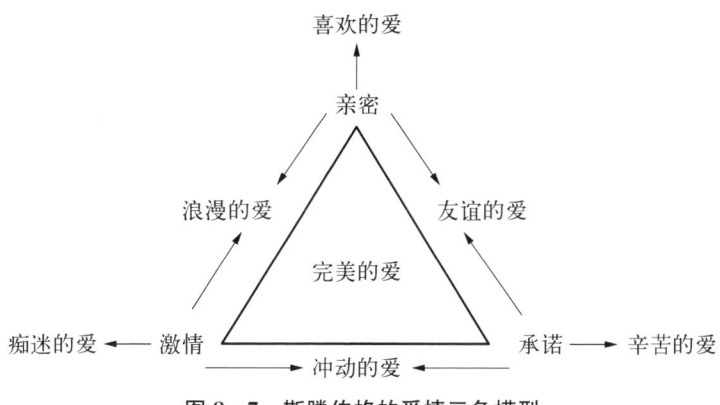

图 8-7 斯滕伯格的爱情三角模型

(1) 无爱(non-love):爱情的三种成分都不具备,没有形成爱情。

(2) 喜欢的爱(liking love):只有亲密,没有激情,也没有长相厮守的承诺。

(3) 痴迷的爱(infatuated love):只有激情,是受性驱力或强烈的欣赏牵引和引导的一种爱,常表现为一见钟情或盲目理想化,一般无法长时间保持。

(4) 辛苦的爱(empty love):只有承诺,缺乏亲密和激情,但一般可以维持较长时间。

(5) 浪漫的爱(romantic love):既有亲密又有激情,情感上和身体上都受到对方的吸引,但是没有长久在一起的承诺。

(6) 冲动的爱(fatuous love):既有激情又有承诺,但是这种承诺是受性驱力或激情支配的冲动承诺,而不是以长期的亲密情感交流为基础的承诺。

(7) 友谊的爱(companionate love):既有亲密的情感关系,又有长相厮守的承诺,但这种爱情更偏向于深刻的友谊,是一种友谊式或亲人式的爱情,恋爱双方缺少了身体的吸引和罗曼蒂克的冲动。

(8) 完美的爱(consummate love):同时具备三种基本成分,是最平衡的爱情。

六、宽容

1. 宽容的内涵

我们平时与他人交往互动的时候,难免会与他人产生人际冲突,甚至在心理或生理上受到伤害。当人们受到伤害的时候,往往无法释怀,沉浸在消极的情绪和认知里,甚至会作出回避性或报复性行为。这种情况下,人们是处于敌对状态的,严重影响自己的身心健康和人际关系。与之相反,宽容可以帮助人们将愤怒、惊惧的消极情绪转变为中性或积极情绪,缓和与侵犯者的敌对状态,扩展自己的社会资源。人们往往会认为,宽容对方就是要与对方和解,是让侵犯者白白占了便宜。事实上,宽容不一定意味着受害者与侵犯者重归于好,宽容是帮助受害者从伤害中解脱出来,获得内心的平和与自由。

在心理学领域中,宽容是一种积极品质,可以为人们带来良好的体验。心理学将宽容定义为一种心理过程,即人们受到不公正的侵犯后,从情绪、认知和行为三个方面发生转变,放弃对侵犯者消极的情绪、判断和行为,不再渴望报复侵犯者的内部心理过程。恩莱特、加桑和吴(Enright, Gassin, & Wu, 1992)认为,宽容具体表现为受到伤害的人改变了要打击报复侵犯者的认知,从愤怒伤心的消极情绪转变为同情和关心的积极情绪,愿意与侵犯者共处,对其予以祝福和尊重。

2. 宽容的分类

特雷纳(Trainer, 1981)将宽容分为角色期待的宽容、权宜之计的宽容和发自内心的宽容三种。前两种宽容表现为内在的矛盾与冲突,发自内心的宽容则是内在情感和外在行为的和谐表现。

(1)角色期待的宽容

角色期待的宽容是指人们为了使自己的行为符合社会或他人的期待而勉强表现出宽容的态度和行为,但是事实上受到伤害的人并没有从愤怒、恐惧或伤心的消极情绪中解脱出来,他们内心里并没有谅解侵犯者,仍然对其心怀不满和怨恨。总之,当人们迫于义务或角色期待而不得不原谅侵犯者时,这样的宽容就是角色期待的宽容。

（2）权宜之计的宽容

权宜之计的宽容也被称为利己的宽容。采用这种形式宽容的人们也同样会表现出宽恕对方的行为，但是受害者在表现这些行为时自尊心高涨，这些行为也往往伴随着强烈的敌意。受害者通过原谅伤害自己的人的冒犯行为，来彰显自己高尚的道德修养和自我价值感，同样，他们也不是真正从心里原谅了对方给自己造成的伤害，只是希望自己的宽容行动能为自己博取额外的利益。

（3）发自内心的宽容

发自内心的宽容是宽容的真正形式。与前面提到的角色期待的宽容和权宜之计的宽容不同，发自内心的宽容是人们愿意对伤害过自己的侵犯者予以同情和共情，设身处地地站在侵犯者的角度去理解他/她的不当行为，并采取积极行动，如与侵犯者共同参与活动或真诚地祝福、尊重侵犯者。发自内心的宽容是主动的、积极的、没有强迫性的，是有疗愈作用的，能让受害者获得内心的平和。

3. 宽容的益处

（1）宽容可以修复人际关系

宽容有利于修复破损的人际关系。宽容的人更容易与侵犯者缩短人际距离，重新建立友谊。人们如果不愿意宽容，则会进一步恶化人与人之间的关系，最终导致更多的冲突。

（2）宽容可以影响身体健康

宽容是一种自我保护的机制，因为宽容可以促进人们的身体健康。因为人们做到宽容，所以能放下消极情绪，形成积极情绪，表现出亲社会行为，形成良好的人际关系，进而提高免疫力，维持健康生活。李仁山（2011）对中国大学生的身心特点和睡眠质量状况进行研究，发现宽容可以正向预测大学生的睡眠质量。国外研究者对正在治疗乳腺癌的女性进行宽恕态度的临床研究，结果发现，患者持有宽容态度可以减少情绪紊乱，提高生活质量（Romero et al.，2006)。

(3) 宽容可以维持心理健康

宽容可以降低出现心理问题的风险,宽容与抑郁、焦虑和低自尊等有较高的负性相关,不容易宽容别人的人会出现更多的心理问题。梅杰等(Mauger, Perry, Freeman, & Grove, 1992)的研究表明,不宽容的人在接受明尼苏达多相人格量表测试时,表现出与心理疾病有较高的相关。研究者测量了青少年对其父母的宽容与其自身心理健康的关系,结果发现高宽容水平的青少年焦虑水平较低(Subkoviak et al.，1995)。宽容干预常常与抑郁和焦虑治疗相结合,通过干预提高来访者的宽容水平,降低愤怒、悲伤的情绪,可以有效改善个体的心理状态。

4. 如何做到宽容

恩莱特(Enright, 2001)开发了一个四阶段的宽容治疗过程模型。这一模型分为四个阶段,即发现伤害阶段,决定宽容阶段,实施宽容阶段和深化成果阶段。现在请你感受宽容的过程。

(1) 发现伤害阶段

- 检验你的心理防御机制

心理防御机制是指人们感受到外界的压力时,用一定的方式缓解冲突对自身的威胁。请回忆一次你被他人伤害的经历,当你遭受他/她的伤害,产生不愉快的感受时,你选择用怎样的方式应对?

- 正视你的消极情绪

当你遭受他/她的伤害时,你的情绪是怎样的? 你可以尽情地释放消极情绪,不必掩饰你的消极情绪。因为它是你受到伤害时正常的、自然的感受。

- 接纳羞耻感

或许你在被伤害的时候会产生羞耻感,这是一种正常的情绪体验。

- 监视情绪能源的损耗

你会意识到,你对伤害你的事件有过度的关注,而这种过度关注会消耗你的情绪能量。

- 观察和反思消极感受的自动化闪回

你是否会在头脑里反复回想侵犯者的所作所为以及他对你造成的伤害？

- 是否将自己与侵犯者作比较

你是否时常会拿自己的"不幸"遭遇与侵犯者的"侥幸"作比较，认为侵犯者对你的伤害是他/她在你这里占到了便宜，而自己处于弱势地位？

- 是否定义成永久性伤害

是否认为侵犯者带给你的伤害可能是永久性的，觉得纵然身体上的伤口终会愈合，但是伤害事件带给你的消极影响却是永久的？

- "公正世界"的信念是否有改变

这次伤害事件可能会动摇你对"公正世界"的信念，冒犯行为会产生不公平感。

> 小贴士：发现伤害阶段的主要目的是帮助人们发现被伤害经历中的消极情绪，比如愤怒，对事件的过度关注等，而且意识到这些消极情绪都是正常的感受，是可以释放出来的，不用掩饰它们。消极的反应只会让人陷在被伤害的事件中，逐渐加深消极情绪和认知，只有正视自己的消极情绪，才能作出改变。

（2）决定宽容阶段

- 转变观念

你或许会发现，之前采用的策略不足以应付当前的情境，当旧的方案不起作用时，你可以考虑换一种解决方式。

- 宽容是一种选择

宽容是指你不再回避侵犯者或对其采取报复行为，而是站在他/她的角度，给予他/她一定的理解、同情和关怀。宽容或许是你可以选择的一种策略，你是否愿意宽容伤害你的人呢？

- 作出宽容承诺

请记住，不要为了宽容而宽容，你可以给自己多一些时间思考。当你作出宽容的决定时,意味着你愿意从内心原谅对方。

> 小贴士:决定宽容阶段的目标是帮助人们确定宽容的意义,并区分什么是真正的宽容,什么不是宽容。当人们发现之前自己采取的策略不能减缓心中的痛苦时,便开始思考是否愿意宽容。在慎重考虑后,受害者决定宽容,这时便可以进入实施宽容阶段了。

(3) 实施宽容阶段

- 角色扮演和认知重评

通过角色扮演,你可以把自己想象成侵犯者,并重新进入当时的情境之中,重新思考侵犯者做了什么错事,事情的前因后果是怎样的,侵犯者做出这样的行为可能是出自什么原因。

- 共情

当你站在侵犯者的角度重新考虑事情的来龙去脉后,你或许会发现他/她的行为是由于早期经验和特定情境等原因导致的。你现在是否能和侵犯者达到共情,可以发自内心地同情、怜悯他/她的遭遇?

- 承担痛苦

这时的你愿意主动承担被伤害的痛苦,放弃采取报复性行为。

- 道德的礼物

因为你的宽容,侵犯者得到了情感与道德上的救赎。反过来,因为你用宽容回报伤害过你的人,你因此也获得了内心的宁静与平和,减少了自身的痛苦。

> 小贴士:实施宽容阶段的目标是帮助受害者形成认知性宽容,目的是让受害者可以换位思考,主动站在对方的角度考虑并理解对方的行为,而不是只沉浸于自己受到的伤害之中。只有受害者可以重新认识当时的伤害行为,与侵犯者达到共情,才会愿意主动承担痛苦,放弃报复。

(4) 深化成果阶段

- 痛苦与宽容的意义

思考你在这次被伤害的经历中收获了什么?而你最终作出宽容的决定

时,宽容又使你收获了什么?

- 你也需要宽容

想一想,你是不是也曾经做过错事,是不是也曾经对别人造成过伤害?每个人都是不完美的,每个人都是需要被宽容的。

- 你不是特例

在生活中,你并不是唯一一个受到伤害的人,你可以试图再次和那些被你伤害的人们建立联系,并请求他们的原谅。

- 树立新目标

因为你一系列认知、情绪和行为的转变,你会意识到自己因此而树立了新的生活目标,并对未来的生活充满希望。

- 情绪转变

干预接近尾声,此时的你会意识到,你的消极情绪正在减少,取而代之的是逐渐增多的积极情绪,你的内心得到真实的释然,最终实现了真正的宽容。

小贴士:深化成果阶段是为了深化受害者的宽容意愿,最终真正宽容侵犯者。此时的宽容不仅仅是单纯地原谅了对方,而是让受害者彻底放下报复的念头,缓和愤怒情绪,审视自己也曾经伤害过别人,自己也渴望获得宽容。此阶段结束后,受害者会重新建立"正义世界"的信念,建立宽容的信念,这不仅是宽容这一次的伤害,而是将宽容作为一种习惯,获得内心长久的释然与平和。

课堂练习8-3 练习宽容

回想你最近受到伤害或感到被冒犯的事件,利用宽容治疗过程模型尝试宽容伤害过你的人,并与身边的同学分享你的宽容经历。

> **实践作业 8-1　慈心冥想**
>
> 每天进行慈心冥想 20—30 分钟,随着逐渐熟练,可以加入对侵犯者的祝福。仔细体会身心的变化。

拓展阅读

➢ 芭芭拉·弗雷德里克森,2014.爱的方法[M].萧潇,译.北京:中信出版社.

　　本书以一个全新的视角,将爱解释为积极的情感共鸣,认为爱关乎幸福,可以维持身体健康,延长寿命。本书解决两个问题:什么是爱?如何去爱?芭芭拉·弗雷德里克森在这本书中讲述了很多爱的故事,向读者介绍爱的练习方法。阅读这本书,读者可以进一步理解爱的含义,通过后天的练习提高爱的能力。

➢ 艾里希·弗洛姆,2018.爱的艺术[M].刘福堂,译.上海:上海译文出版社.

　　爱是一门艺术,想要掌握这门艺术的人需要拥有关于爱的知识并付出努力。发展爱的能力需要努力发展自己的人格,并朝着有意义的目标迈进。

➢ 罗伯特·斯滕伯格,2017.爱情是一个故事:斯滕伯格爱情新论[M].石孟磊,译.北京:世界图书出版社.

　　斯滕伯格在书中概括了二十五种爱情故事类型,每种故事都有其判别题目,读者可以通过分析自己的故事类型了解自己,从而拥有更加幸福的亲密关系。

思考题

1. 积极性共鸣有哪些表现?
2. 何种条件下更可能/更不可能发生积极性共鸣?

3. 积极性共鸣是可遇而不可求的吗？如果不是,那么怎么做才能够主动增加获得这种积极性共鸣的机会呢?
4. 人际互动中,积极主动式回应风格会为人际交往带来何种影响?
5. 举例说明四种回应风格。
6. 举例说明三个不同层次的工作者。
7. 设想自己的未来职业道路,如何获得三个层次上的满足?
8. 尝试分析一个你了解的工作环境的特征,并试着提出一些相应的建议以建立积极的工作环境。
9. 根据你自己的爱情故事画出属于你自己的爱情三角形,并分析在这段爱情中,你缺少的是什么,又是什么成分占主导地位?
10. 对应宽容的三种分类,列出三个你生活中的宽容事件。

第九章

积极的疗法

> **学习目标**
> - 理解正念的内涵
> - 掌握注意控制和元觉知的基本技术
> - 发展动态的自我观,反思和澄清自己的价值观

有三种传统的心理治疗方法,分别是心理动力疗法(也称精神分析疗法)、人本主义疗法和认知行为疗法。认知行为疗法中,最前沿的发展则是美国麻省理工学院分子生物学博士、马萨诸塞州医学院的疼痛科医生乔·卡巴金(Jon Kabt-Zinn)创立的正念练习技术。本章将介绍这种治疗方法。

正念练习技术与传统的心理治疗方法有许多不同之处,它不仅可以帮助心理疾病人群缓解症状,也可以帮助普通人群优化心智模式,提升精神生活品质。在这个意义上,正念练习技术被视为积极的疗法。正念练习技术在美国十分盛行,美国《时代》杂志曾报道过关于正念练习技术的研究(见图9-1)。

图9-1 刊登正念练习技术研究的美国《时代》杂志封面

资料来源:https://www.mindful.org/the-mindful-revolution/

正念(mindfulness)这一概念源自东方的禅宗思想。修炼者通过静观、冥想、瑜伽等形式修炼身心以期破除执迷，获得智慧与解脱，安心于当下，止住因对过去后悔和对未来担忧而纷乱的心念，发展出定力。在此基础上，使人洞见事物之间的联系，体验一种物我无分，人我无别的融合状态，获得自我反省和自我观照的智慧。

1979 年，卡巴金为减轻长期疼痛患者的压力和痛苦，首创了正念练习技术。卡巴金剥离正念禅修背后的有神论内容，保留了集中当下，不评判等思想精髓和练习技术，开发了一系列正念练习课程，并将其运用于心理健康和医疗领域。目前，正念练习技术在治疗很多心理和生理疾病（如头痛、高血压、背痛、心脏病、癌症、气喘、长期性疼痛、肌纤维酸瘤、皮肤病、与压力有关的肠胃病、睡眠失调、抑郁、焦虑、强迫症与恐慌症等）方面取得了显著的效果。近年来，与正念相关的文献数量呈逐年上升趋势（如图 9 - 2 所示）。

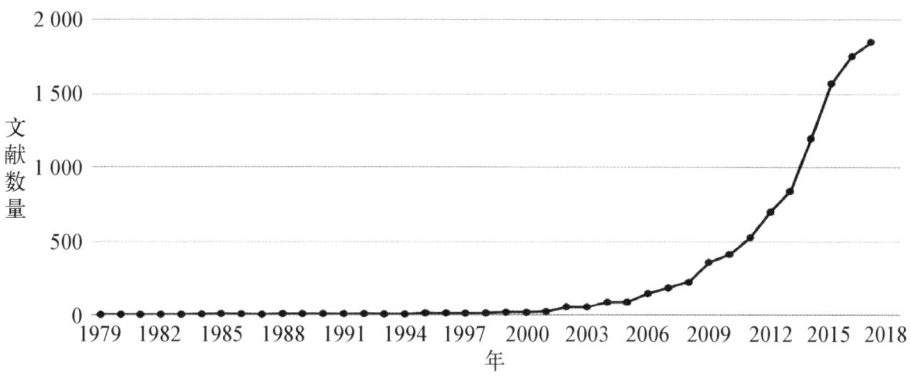

图 9 - 2　1979—2018 年与正念相关的文献数量折线图

一、什么是正念

卡巴金等为正念赋予了新的定义，即通过有目的地将注意集中于当下，不加评判地觉知一个又一个瞬间呈现的体验而涌现出的一种觉知。

正念的内涵主要包括如下六个方面。

1. 对注意的灵活控制

使注意聚焦于当下,沉浸在正在发生的事情中。练习者将注意集中于当下的瞬间,观察时间是如何从这一刻流淌到下一刻的,也观察自己的内、外部经验。随着正念练习的深入,练习者的注意时长,注意转移,注意专注度这三种注意品质将有所提升。

2. 接纳的态度

以一种不刻板的、非评判的态度接纳所注意的内容。非评判的态度指个体聚焦当下时采取的一种态度,这种态度既不是冷酷的、批评的,也不是热情的、追求的。相反,它是开放的、耐心的、仁慈的、无为的。既不苛求顺意的事情,也不排斥反感的事情,而是接纳、开放地让各种经验在自己的关注下流淌。

3. 积极成瘾

对积极行为,如跑步、跳舞、冥想、阅读、绘画、聆听或其他形式的行为成瘾,会使自己的心情变得愉快。

4. 与宏大融合

自我观发生转变,从原来狭隘的自我,转变为与外部世界联结的自我。自我与他人、社会和自然融为一体,逐渐向人我无分,物我相连的境界转化。

5. 身体放松

让身体处于松弛状态,而不是紧张状态,通过正念练习,让肩膀松弛,不僵硬。练习者能够意识到身体肌肉的紧张状态并作出调整。

6. 去认知融合

认知融合是指个体自动提取负性思维事件的字面意义,将对事件的"想法"和真实"事实"混淆起来,沉浸在自动化的负性想法和情绪中,过度分析负性想法,感到痛苦、纠结、挣扎等。而去认知融合是指人们能够区分"想法"与"事实",不为"想法"所累。

二、正念练习技术

最常用的正念练习技术包括观呼吸、身体扫描、正念行走、正念品尝、观察自己的感知和想法等。

1. 观呼吸

观呼吸是操纵注意，将其投注当下的一种正念练习技术。观呼吸要求在练习中把自己的自然呼吸作为观察对象，观察呼吸过程及变化。个体不需要有意识地控制自己的呼吸，自然呼吸是什么样子，我们就对它进行如实地观察。观呼吸练习的目的是滤除杂念，尝试将所有的注意能量聚焦于呼吸的气流，提升注意控制的能力。

课堂练习 9-1　观呼吸

首先将自己的坐姿调整到一个舒服的姿态，将注意力集中在自己的呼吸上。呼气关注自己的鼻子，吸气关注自己隆起的腹部（丹田），使呼吸"匀""慢""细""长"。一呼一吸为第一轮，在心中默数 1，再次一呼一吸为第二轮，在心中默数 2，9 轮为一组练习。

---

2. 身体扫描

身体扫描是对身体部位的深入感知，让意识从身体的这个部位移动到那个部位，通过探索和感觉当下身体的感受，唤醒对身体状态的觉知。想象自己的意念就是一台扫描机，在一段时间内，在无批判意识状态下让每一个身体区域成为关注的焦点，然后转移注意到下一个身体区域，直到完成整个身体的扫描。身体扫描是一种重要的正念练习技术，可以培养持续关注身体的能力。此外，在练习身体扫描的过程，你会发展出新的觉察模式，它具有温和与好奇的特征。

> **课堂练习9-2　身体扫描**
>
> 　　在一个轻松、安静的环境中躺下(如无法躺下,也可放松地坐下),双臂自然放在身体两侧,双腿自然分开。闭上眼睛,从上至下,由外至内依次感受身体的每个部位。感受身体每个部位的感觉,是冷、热、痒、麻、痛、干、湿,还是什么特别的感觉。觉察身体的各个部位是否有紧张感或不适感?无论是否喜欢,都去观察可能存在的感觉。然后,觉察身体的紧绷或放松的程度,并逐步放松身体,让身体逐渐进入松弛的状态。

3. 正念行走

正念行走的目标是把注意力集中于行走本身。

室内版的正念行走是以慢动作的方式行走,即把自己的注意集中于自己的动作上。每迈出一步,在整个脚底板跟地面接触的那个瞬间,感觉前后脚重心的转换。在行走中,如果你发现分心了,不用担心,只要把注意重新带回到身体的运动上,注意脚底踩在地面的感觉。

室外版的正念行走强调甩大步,提高步速,大摆臂,同时配合呼吸(例如三步一吸,三步一呼)。将注意力放在觉察呼吸是否均匀,步幅是否够大,步速是否够快,躯干是否在正中,头和颈部是否挺拔,感受整个身体的运动,留心观察出现的身体感觉和心理感受。

4. 正念品尝

正念品尝即专心地用感官观察和品味,这个过程如同美食鉴赏。通过看、听、尝、闻、摸等动作,重新品尝并全面观察熟悉的食物(如葡萄干)。正念品尝的核心原则是让练习者学习让"专心地用感官观察和品味"的思想融入我们的日常生活中。

课堂练习9-3 正念品尝

洗手之后,拿一粒干净的葡萄干。要注意,每一粒葡萄干都是世界上独一无二的。想象一下它是如何到你手中的,它可能来自哪里,谁将新鲜的葡萄摘下,谁将它风干,它经过什么样的包装、运输和采购环节才到你的手里。现在,拿起这粒葡萄干,仔细地观察它的颜色、形状、大小和表面的纹路。对着光,看看它是否晶莹剔透,再用手捏捏,看看它是坚硬还是柔软。观察之后,我们把这粒葡萄干放在舌尖,感受葡萄干的口感,感受口中唾液分泌的变化。用门牙将这粒葡萄干咬成两半,感受两半葡萄干在嘴里的感觉和嘴里唾液分泌的变化。接下来,将葡萄干咬得更碎,注意自己味蕾的体验,想想可以用哪些词汇描述它的滋味。最后,将葡萄干咽下,体验葡萄干滑过喉咙时的感觉。

5. 观察自己的感知和想法

观察自己的感知和想法是让人们意识到身体发出什么样的信号。人的感知和想法就像一台放在后台的"收音机",人们可以接收"收音机"的内容。

课堂练习9-4 触觉的观察者

将注意力集中于自己所处的房间,描绘一下这个房间的样子,描绘你在这个房间的位置。然后,开始关注自己身体与椅子接触的感觉,注意你是怎样坐在椅子上的。注意身体存在的任何知觉,除了"知觉着"的你,又发展出一个"作为观察者"的你,这两个你是同一个人。你可以通过这种正念练习技术,体验观察自己的感知和想法与根据感知和想法观察世界的区别。

课堂练习9-5 列队小人

将注意力集中于当前发生的事件上,想象有一队小人正列队从左耳进入,经过你的眼前,从右耳走出。每个小人都举着印有词语的彩色牌子,蓝色牌子上写着"情绪",绿色牌子上写着"看法",黄色牌子上写着"打算"。而你作为观察者,清醒地观察着一切,保证队列自由进行,不使自己混入其中。你可以不带任何评判,不带感情色彩地旁观你此时此刻的情绪、想法和对未来的打算。

课堂练习9-6 桥头观水

回忆最近几分钟发生的任何一件事,把事件引发的一串情绪,一串意图,一串态度和看法,想象成河流里漂过的一艘艘小船。然后,假想你站在河流上方的一座小桥上,看见河流里一艘艘小船漂过,这些小船上装载着你刚刚经历的那些情绪、意图、态度和看法。你站在桥上,静静地看着小船靠近你自己,又从桥下穿过,向着远方漂去。你觉察到,那些情绪、意图、态度和看法如同小船一样,靠近你,又慢慢漂走。你可以以观察者的视角,只是观察它们而不受它们的影响。

三、正念练习技术的作用机制

正念练习技术能够强化元觉知和注意控制,形成接纳的态度并提升认知灵活性,发展动态的自我观,进而对价值观进行澄清和反思。

1. 强化元觉知

通过正念练习，人们观察自己内、外部经验的视角会发生重大的转变。这种观察视角的转变被称为元觉知（meta-awareness）或再感知（re-perceiving），是指以旁观者的视角重新审视自身的行为和情绪，从而使观察的意识内容更清晰、客观。从自我故事中跳出来，成为自我故事的阅读者，从主人公的视角转变为阅读者的视角。当我们身处主人公的视角时，自我与意图、情感和思维融合在一起，缺乏对前因后果的客观分析。自我不能成为意图、情感和思维的主宰，相反却往往受其主宰。主人公视角往往是不清晰的、臆断的、盲目的和主观的。当我们以阅读者的身份看待自我故事时，我们便有了一个更宽广的格局，我们可以纵览意识产生的前因后果，摆脱原有视角的盲目性，从而获得对自己意图、情感和思维的清晰认知。

2. 强化注意控制

注意控制指对注意状态的元觉知，即能灵活自如地操控和调节注意指向。未接受过专门训练的人，其注意指向常常是无意识的、游离的和不固定的，受内在联想和外在刺激控制。这些人常处于分心、麻木、过度兴奋、白日梦等思想游离的状态。正念练习可以帮助人们灵活自如地操控自己的注意指向，恢复对注意的掌控权，进而将注意聚焦于朝向未来目标的当下步骤，提高完成当下目标的效率，促进目标的达成。正念练习要求观察内、外部每时每刻的经验，持续注意某一物体。人们观察的对象可以是内部体验，例如特殊的内脏躯体感觉，也可以是任何一种东西，例如反复出现的声音，想象的或是实体的影像。通过观呼吸练习，能将意识和动态的内脏躯体感觉功能联系在一起，强化注意控制。

3. 形成接纳的态度并提升认知灵活性

未接受过专门训练的人习惯于刻板化、反射性地评价事物的利弊，使得人们采取惯用的应对策略，通过既定的视角感知世界，按照已有的规则处理事情，形成僵化的、刻板的和单一的态度，在缺乏注意投注的状态下自动完成许多复杂的事情。比如,人们在面对一些负面感受时,会采取逃避的策略,这种逃避往往使个体的问题更严重,因为面对负面感受时,逃避感受的人比坦然面对的人更可能感受到恐慌。

提升认知灵活性可以带来如下好处。

第一,有助于个体打破潜在观念,对内、外部刺激进行客观地觉知。

第二,有助于增强个体不反应的行为倾向。不反应不是麻木,无作为,也不是消极地接受一切想法和情绪,而是在遇到突发事件或冲突情境时,个体不卷入自己的想法和情绪中,也不立即对环境作出冲动的反应,而是在多视角觉察和感知事物,发现其本真的面貌之后,再作出适宜的反应。

第三,有助于人们克服僵化和刻板的思维模式。

4. 发展动态的自我观

未接受专门训练的人对自我的认识往往是静态的、有形的、独立的和自我建构的。静态的是指把自我看作固定的、特质的、永久的、不变的,例如有人说"我就是这样的人"或者"这就是我";有形的是指把自我等同于自己的身体或自己的利益群体(如家庭);独立的是指把自我看作独立于万事万物的存在,而不是整个世界的一分子;自我建构的是指认为自己是不依赖于其他事物的,是自因的而非外因的。正念练习使人的自我观逐渐转变为动态的、非实体的、无自相的。练习者逐步体会到世间并没有一个实体的自我存在,能体会自己的感受、思维与情感。练习者把自我看作是随条件而变的精神过程,是流变于每一个当下的、瞬时变化的存在。

5. 对价值观进行澄清和反思

未接受专门训练的人持有的价值观大多是反射性的,其内容常受种族背景、社会文化背景、家庭背景、成长经历、重要他人、现实处境等因素影响。对个体而言,这种价值观是被动的。人们容易被自己笃信的价值观驱动,却没有反思笃信的价值观对自己的人生是否真正有意义。在这样的价值观的指引下,人们的行为往往是盲从的、自动化的。人好像变成一部机器,反射地接受来自外界的指令,不能体会自己内心真正的需求。虽然坚信自己拥有的某种价值观,却不能说出自己坚信的理由,而总是自动化地付诸行动,不能自主地选择想要的生活。

正念练习可以帮助人们对既有的价值观进行澄清和反思,使人站在观察者的视角重新审视自己的价值观,从而发现那些真正符合内心需求的、有意义的价值观。打破无觉知的、主观的状态,以观察者的视角审视自己笃行的那些信念,实现自我与价值观的分离状态,获得了更客观的视角,使个体有机会重新审视和选择自己真正认同的价值观。在正念练习中,通过客观洞悉内心的需求,可以实现从反射型价值观向反思型价值观的转变,提升人们生活的意义感。

上述五种正念练习技术的作用机制的关系如图9-3所示。

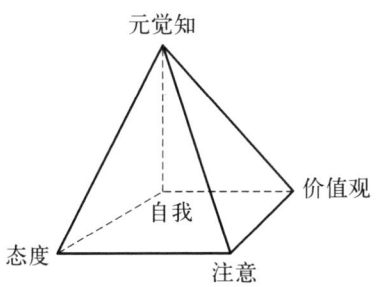

图9-3 正念练习技术的作用机制

资料来源:翟成,盖笑松,焦小燕,于博充(2016)

实践作业9-1 观呼吸

在一个安静舒适的环境里进行观呼吸,分别以坐姿、站姿和卧姿进行呼吸放松,呼吸时做到"匀""慢""细""长",关注呼吸时的感觉,如胸腔和腹部的起伏,呼与吸间的停顿点,每次呼吸的深度等。一呼一吸记第一轮,在心理默数1,再一呼一吸记第二轮,以此类推,一组观呼吸为3分钟。请在表9-1呼吸记录表中记录一周内你在3分钟的观呼吸训练中达到的呼吸次数。

表9-1 呼吸记录表

	周一	周二	周三	周四	周五	周六	周日
坐姿呼吸							
站姿呼吸							
卧姿呼吸							

实践作业9-2　正念用餐

尝试在用餐时感受正念,专注地用餐,全神贯注地感受食物原本的滋味。在正念用餐的过程中,不看手机,不看电视,不思考工作或任务,抛下一切杂念。一口一口地吃饭,细嚼慢咽。吃到八分饱,让胃放松下来,身心处于放松的状态。

实践作业9-3　正念行走

尝试练习正念行走。在行走时排除脑海中的杂念,甩开大步,提高步速,大摆臂,昂首挺胸,感受头顶向上拔起,同时观察躯干的重心是否在前后腿的正中间。结束后,谈一谈正念行走的感受。

拓展阅读

➢ 史蒂夫·C.海耶斯,2013.学会接受你自己:全新的接受与实现疗法[M].曾早垒,译.重庆:重庆大学出版社.

  本书通过全新的心理疗法——接受与实现疗法,让读者思考为什么人会感到痛苦以及经历痛苦的意义是什么。接受与实现疗法的核心是让人们行动起来,培养积极的心态,接纳痛苦。作者重视读者的主动性和差异性,在书中设置大量填空题,让读者写下自己的问题并在书中寻找答案。阅读本书,读者可以不再逃避痛苦,接纳当下并找到人生的意义。

➢ 乔·卡巴金,2014.不分心:初学者的正念书[M].陈德中,温宗堃,译.北京:中国华侨出版社.

  本书由卡巴金博士亲自撰写,分为五个大部分:第一部分介绍"进入"的初级阶段,第二至第四部分分别介绍"持守""深化"和"成熟"三个部分,使读者逐步掌握正念的核心概念,第五部分介绍了一些典型练习。

➢ 罗斯·哈里斯,2016.ACT,就这么简单:接纳承诺疗法简明实操手册[M].祝卓宏,张婍,曹慧,等,译.北京:机械工业出版社.

  这本书用有趣易懂的文字介绍了ACT的理论和方法,作者将ACT模型简化后使之更适合于临床应用。书中设置一系列引导性的问题,让读者思考对自己而言真正重要的是什么。通过树立核心的价值观,激励读者在行为方面有所改变,全身心投入到正在做的每一件事中。

➢ 马克·威廉姆斯,丹尼·彭曼,2013.正念禅修:在喧嚣的世界中获取安宁[M].刘海清,译.北京:九州出版社.

  这本书介绍了正念的含义,并提供了八周简单却实用的正念练习方案。无论你是否受抑郁的困扰,这本书都会对你有所帮助,因为正念实践可以帮助练习者减轻生活中的压力,在你的内心深处根植一份快乐和安宁。通过练习呼吸、关注身体以及觉察周围事物等,可以使你集中涣散的精力,发现生活的真正乐趣,让自己每一秒都活在当下。

➢ 乔·卡巴金,2018.多舛的生命：正念疗愈帮你抚平压力[M].童慧琦,高旭滨,译.北京：机械工业出版社.

    卡巴金专注于研究身心相互作用的疗愈力量,他的研究促进了正念运动的发展。本书系统而详细地阐述了八周正念减压课程的内容,并介绍了正念干预在保健、医学、心理学、神经科学等领域中的应用。

思考题

1. 正念练习技术与传统心理治疗方法的适用人群有何不同？
2. 请用简短的3—5句话给正念下定义。
3. 哪些内、外在因素会掌控你的注意力？
4. 接纳现实与消极放弃有何区别？接纳他人缺点与消极纵容有何区别？
5. 放松的状态对人的行动有何影响？
6. 认知灵活性的提高会给人带来哪些方面的收益？
7. 举例说明去认知融合的含义。
8. 生活中的哪些情境中可以应用正念练习技术？请尝试练习并简单记录你的体会。
9. 专注的习惯有哪些坏处吗？

第十章

在挫折中成长

学习目标

- 了解什么是心理韧性
- 掌握增强心理韧性的方法
- 形成积极的挫折观,提高对挫折的承受能力和应对能力

挫折是每个人生命中无法回避的共同话题,即便是相似的挫折处境,每个人的发展轨迹也会不同,原因之一就是每个人的心理韧性存在差异。总结以往研究,心理韧性(resilience)是指人们面对挑战或挫折时,抵御压力的冲击,从消极状态中复原甚至从中获得成长性发展的能力。心理韧性的内涵有两点:(1) 遭受过重大威胁或遭遇过逆境;(2) 发展出积极的适应结果(Masten, Best, & Norman, 1990; Luthar, Cicchetti, & Becker, 2000; Richardson, 2002; Reivich, Seligman, & McBride, 2011)。

专栏 10-1　科学发现

埃米·沃纳(Emmy Werner)在夏威夷考艾岛进行了长达 30 年的

跟踪研究,考察了处于高危环境仍能发展成适应良好的成人所具有的特质(Werner,1993)。研究显示,在高危群体中,有三分之二的人表现得十分脆弱,到青少年和成年后存在社会和心理问题的比例较高,但是仍然有三分之一的人能正常发展,表现出很高的心理韧性。

沃纳对保护因素进行了归纳,主要包含如下五大方面。

(1) 智力达到正常水平,具备被他人认可和赞许的特质。

(2) 具备一定的能力,比如职业规划能力和承担家庭责任的能力等。

(3) 父母的养育风格可以促进儿童形成自尊和获得能力感。

(4) 拥有支持性的长辈、亲戚、兄弟姐妹等"替代父母"以及同伴群体、学校、社区、教堂等外部支持系统。

(5) 从学校到职场,从平民生活到军旅生活,从单身状态到已婚和为人父母状态等重大生活转变中出现了一些机会,使一部分高危儿童走上了正常的发展之路。社区大学的成人教育项目,志愿服务和内在的信仰等可能都为年轻人提供了转变的机会。

一、心理韧性的过程模型

格伦·理查森(Glenn Richardson)提出了心理韧性的过程模型(Richardson,2002)。在没有重大生活挫折出现时,人们的身体、心理处于暂时的平衡状态。这种平衡状态经常受到来自内部和外部的压力、逆境等刺激的冲击。这些刺激可能是新的信息或经历,也可能是重复的想法或感觉。这些刺激对每个人的影响可能不同,因为对事情严重性的感知取决于心理韧性的水平和以往心理韧性的重组情况。

人们能通过处理之前的压力来培养心理韧性,使日常生活不会受到严重影响。然而,如果人们没有发展出能够抵御压力的心理韧性,长期积聚的压力就会打破身心平衡的状态,导致已有观念及生活模式瓦解。随着时间的推移和逐渐适应,"我该怎么办?"的想法就会出现,进而开始了重新组合的过程。重新组合会呈现如下四种不同的结果(如图10-1所示)。

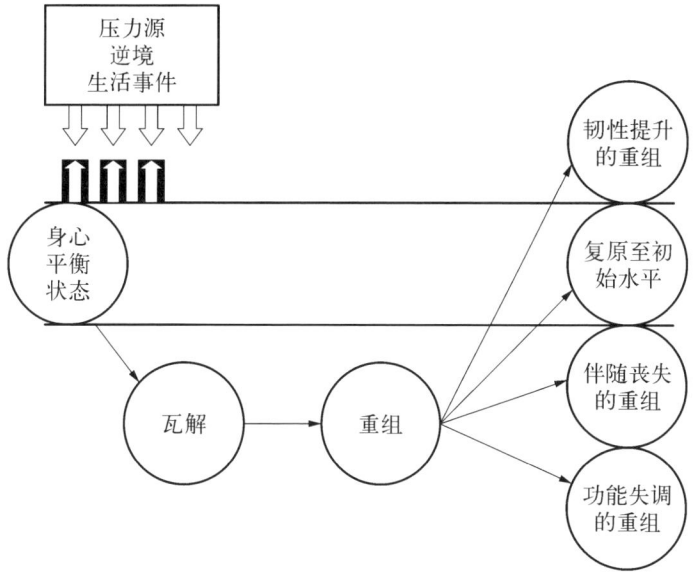

图 10-1　心理韧性的过程模型(Richardson,2002)

第一种,韧性提升的重组。在瓦解后获得了成长,成为此后应对压力的保护因素。

第二种,复原至初始水平。人们虽然恢复至平衡状态,但是失去了成长的机会,心理韧性水平未能获得提升。

第三种,伴随丧失的重组。这种情况下,人们被迫放弃原有的动机和希望。

第四种,功能失调的重组。这种情况下,人们用破坏性行为或其他有害手段应对生活压力。

该模型说明,个体面对生活压力时,可以通过整合身边的可利用资源保持身心平衡状态,应对生活中的麻烦。另外,该模型还强调挫折对个人成长的意义:当人们无法应对挫折,身心失衡后,原有观念和模式的瓦解可能会有助于新的观念及模式融合,获得韧性提升的重组。也就是说,挫折对个人发展来说不只有消极的影响,也可能是成长的契机。

专栏 10-2 科学发现

研究者对拥有这四种生活经历(守寡、离婚、失业和结婚)的人的生活满意度进行了追踪研究,发现在不良生活经历(守寡、离婚、失业)发生之前的5年,生活满意度呈下降趋势,生活满意度在事件发生当年最低,但是并非继续下降或保持不变,而是在逐渐回升(如图10-2所示)。

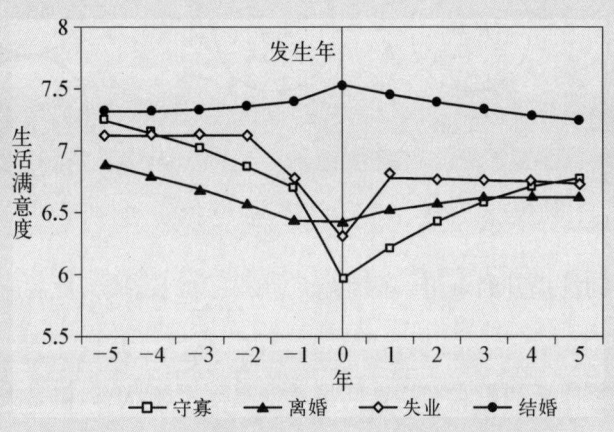

图 10-2 不同生活经历的人的生活满意度变化

资料来源:埃德·迪纳,罗伯特·迪纳(2010)

二、心理韧性的因素—过程框架模型

卡罗尔·孔普弗(Karol Kumpfer)提出了心理韧性的因素—过程框架模型(Kumpfer,1999)。如图10-3所示,生活中的压力,可预期的挑战及预料之外的消极经历等都会成为影响个体当前状态的消极刺激,人们觉知到的压力或挑战的严峻程度,取决于人们对压力的知觉、评价及解释。人们虽然不能选择发生在自己身上的事件,但是可以从消极事件的成功应对中获得成长。环境(如家庭、文化、社区、学校、同伴)中对人的成长起关键作用的风险因素与保护因素,会与个体应对的当下压力产生相互作用。

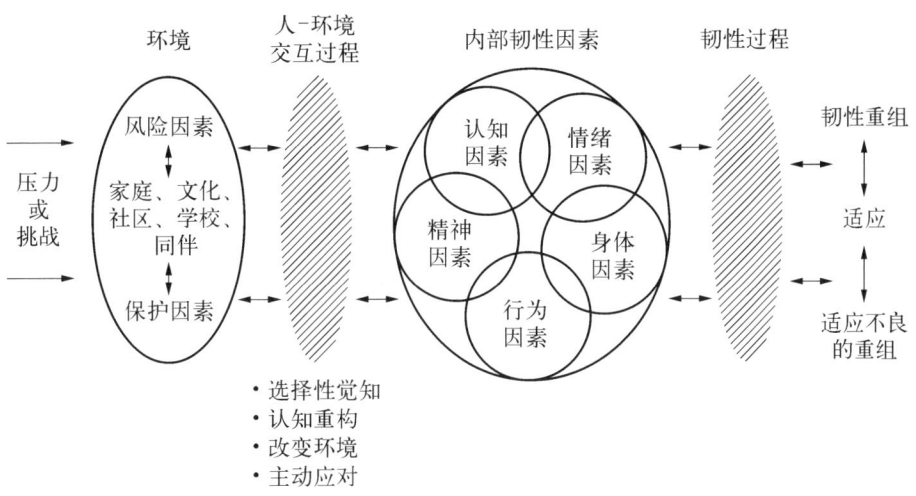

图 10-3 心理韧性的因素—过程框架模型

资料来源:Kumpfer(1999)

如果压力或挑战未被外部环境保护因素抵消,人们会调用内部韧性因素来应对不良事件,直到内外达成平衡状态,缓解或消除失衡状况。内部韧性因素包括五个类别:

1. 精神因素

精神因素包括梦想、人生目的和意义、信念、独立性、内部控制、希望和乐观、决心和毅力。

梦想、人生目的和意义让人们在困境中顽强坚持下去。人们知道,只有克服一个又一个逆境才能实现梦想,完成使命。信念让人们在迎接挑战时更加坚定,为了实现目标能够放弃暂时的享乐,也能忍受暂时的痛苦。独立性可以使人们避免消极的同伴压力,作出以目标为导向的行为。面对变化的环境,内部控制使人们充满力量,对自己的能力充满信心。除此之外,为了应对眼前和未来的麻烦,人们还需要有希望和乐观的态度,有坚定的决心和毅力,根据事情发展调整目标和计划,有效处理突发情况,实现自我价值。

2. 认知因素

认知因素包括智力、学习和工作能力、洞察力、内省力、自尊、创造力和计划能力。

韧性水平高的人智力、学习和工作能力较强,能够明辨是非。洞察力是指能够提出关键的问题,之后又能作出真诚且合适的回答的能力。内省力是指分析自己的心理和生理情况并将其与他人进行比较的能力。韧性水平高的人自尊水平较高,对自己的能力有准确的评价。创造力既表现在通过创造新事物(如想法、物件、音乐、工具和软件等)提升自尊,又表现在通过投入地创造(绘画、舞蹈、音乐和写作等)缓解不良情绪,提升自我价值。计划能力包括预见不同选择的结果并规划美好的未来,帮助人们适应环境。

3. 行为因素

行为因素包括街头智慧、问题解决能力、多元文化能力、同理心和人际社交技能。

一个人的能力不仅包括工作中的专业智慧,也包括生活中的街头智慧。拥有良好的问题解决能力,就有较多的成功经验,可以让人们对未来更有信心,应对挑战时有更高的效能感。多元文化能力是指持开放的态度面对不同文化,在不同文化环境中能做出恰当的行为。同理心和人际社交技能是指对他人的需要和感受能够感同身受,并在人际互动中给予积极主动的回应,与他人建立积极的友谊关系。同理心和人际社交技能强的人,在遇到生活压力时,能够获得社会支持,因而有更强的应对能力。

4. 情绪因素

情绪因素包括快乐、幽默感和情绪管理技能。

韧性水平高的人一般是快乐的,不易抑郁或对事物的现实特征作负面的评价。幽默感是指以幽默作为应对策略来缓解紧张和压力。幽默感不仅有助于恢复对事件的正确认识,还有助于建立良好的人际关系。情绪管理技能是指不但能意识到自己的情绪,还能控制有害的情绪冲动。情绪管理技能可以通过练习来提高。

5. 身体因素

身体因素包括身体健康和体能,运动及才艺能力和外表吸引力。

身体健康并有较强体能的人可能认为自己心理是强大的。拥有运动及才艺能力,有助于人们通过运动、唱歌、跳舞等活动宣泄不良情绪,增加自我效能感和自我价值感。一个人外表吸引力越强,越有魅力,越容易获得支持,也越少被苛责。

人与环境的交互过程有助于人们把高危环境转化为更具保护性的环境,以重整韧性或积极适应。例如,选择性觉知,关注负性事件的积极面并发现该事件对成长的积极价值;认知重构,即改变不合理想法;改变环境,即在力所能及的范围影响和改变周围环境;主动应对,即积极主动地面对,而非回避逆境。

最终的韧性结果可能表现为三种:韧性重组,表现为心理韧性水平得到了提升;适应,表现为恢复到压力出现前的水平;适应不良的重组,表现出较低水平的重组状态。

专栏 10-3 科学发现

帕特里夏·弗雷泽教授(Patricia Frazier)曾与同事做过这样一项研究,她们邀请1500名学生参与一项有关心理幸福感的网络调查,8周后,这些学生不仅需要重新填写问卷,还需回答在过去8周是否经历过人生重大事件。其中,10%的学生表示他们曾遭遇过非常恐怖的,令人绝望的创伤性事件(比如自身、好友或挚爱经历了关乎生死的变故)(Frazier et al.,2009)。

令人感到惊奇的是,这些经历了创伤性事件的学生的心理幸福感评分高于8周前的评分。其中5%的学生认为他们的亲密关系得到巩固;12%的人表示对生命意义的探索更加深入;25%的人表示生活满意度提高了;8%的人表示对感恩有了更好的理解;7%的人表示他们的信仰更加虔诚了。

课堂练习10-1 预测未来的挫折

思考未来几年可能发生在你身上的挫折和苦难,包括概率很小的事件。表10-1最左侧的一列表示四种压力承受程度,请在最右侧"事件"一列,分别写出每种压力承受程度下三个事件。与同伴讨论你表格中的内容,讨论之后,这些事件的位置有什么变化?

表10-1 预测未来的挫折

压力承受程度	序号	事件
确定能承受	1	
	2	
	3	

续 表

压力承受程度	序 号	事 件
差不多能承受	4	
	5	
	6	
几乎难以承受	7	
	8	
	9	
确定难以承受	10	
	11	
	12	

三、如何增强心理韧性

增强心理韧性有助于提升挫折适应能力和积极应对的能力。维克多·弗兰克尔(Viktor Frankl)回忆了自己的一个咨询案例。

曾有一位年迈体衰,患有抑郁症的求助者前来咨询。他爱妻子胜于一切,但是妻子却于两年前离世,他因此饱受痛苦。我怎么才能帮助他呢？我该告诉他些什么？我努力克制自己不说别的，而是问他："假如你先你妻子而去，将她留在世间，会是什么情况呢？"

他回答说："天啊，那她该承受多么大的痛苦啊！"

我立刻回答："所以，因为有你代替她忍受这一切，她不必受这样的折磨——不过，她免除痛苦的代价是你活着并承担这份痛苦。"

他不发一言，默然走出了我的房间。

可见在某种程度上，一旦痛苦有了意义，就不再难以忍受了。以下方法有助于增强我们的心理韧性。

- 获得意义感可以改变我们对痛苦的认知，形成积极的挫折观，理解苦难和挫折的积极意义，积极看待生命中的麻烦和挑战。
- 反思自己人生追求的层次并尝试走向更高层次，形成超越小我的幸福观和人生目的。
- 建立起一串大大小小的希望，让希望引领生活，在追寻希望的路上品味实现每一小步带来的积极情绪。
- 理解不同价值观的内涵及其对人生的影响，明确自我价值观的特点并反思自我价值观是如何形成的，尝试调整现有的价值观。
- 面对不良事件时，在情绪调节的早期阶段启动有效的调节行为，节省自身认知资源，减少不良情绪体验。
- 理性看待自己的情绪，认识到情绪产生的本质是想法而非事件本身，反驳不合理信念，不被情绪主导。
- 理性看待好事和坏事，用乐观的解释风格理性看待不良生活事件，进行积极归因。
- 了解不同情境下不同应对方式的效果，放弃不良应对方式，练习采用有效的应对方式。
- 发现并总结生活中的经验，掌握问题解决的策略，提高问题解决能力。

- 了解自己和他人的品格优势,运用品格优势应对挫折事件。
- 练习采用积极的人际互动方式,巩固人际资源以应对挫折。
- 用成熟的、负责任的、积极建构的心态重新看待家庭关系,优化与家庭成员沟通的质量。
- 加强身体锻炼,增强体能,发展个人运动和才艺能力。
- 掌握放松方法,使身体进入从容宁静的状态。

你可以通过表10-2了解你的心理韧性。表10-2中有27个句子,描述了与心理韧性相关的一些情况,请你对比自己在面临挫折和逆境时的实际情况和这些句子的相符程度,在相应的位置打"√"。你的答案没有对错之分,请根据实际情况选择。

表10-2 心理韧性测试

		完全不符合	比较不符合	说不清	比较符合	完全符合
1	失败总是让我感到气馁					
2	我很难控制自己的不愉快情绪					
3	我的生活有明确的目标					
4	经历挫折后,我一般会更加成熟有经验					
5	失败和挫折会让我怀疑自己的能力					
6	当我遇到不愉快的事情时,我总找不到合适的倾诉对象					
7	我有一个同龄朋友,可以把我的困难讲给他/她听					
8	父母很尊重我的意见					

续　表

		完全不符合	比较不符合	说不清	比较符合	完全符合
9	当我遇到困难需要帮助时,我不知道该去找谁					
10	我觉得与结果相比,事情的过程更能帮助人成长					
11	面临困难,我一般会制订一个计划和解决方案					
12	我习惯把事情憋在心里,而不是向人倾诉					
13	我认为逆境对人有激励作用					
14	逆境有时候是对成长的一种帮助					
15	父母总是喜欢干涉我的想法					
16	在家里,我说什么总是没人听					
17	父母对我缺乏信心和精神上的支持					
18	我有困难的时候会主动找别人倾诉					
19	父母从来不苛责我					
20	面对困难时,我会集中自己的全部精力					
21	我一般要过很久才能忘记不愉快的事情					
22	父母总是鼓励我全力以赴					
23	我能够很好地在短时间内调整情绪					

续　表

		完全不符合	比较不符合	说不清	比较符合	完全符合
24	我会为自己设定目标,以推动自己前进					
25	我觉得任何事情都有其积极的一面					
26	我心情不好也不愿意跟别人说					
27	我情绪波动很大,容易大起大落					

问卷来源：胡月琴,甘怡群(2008)

*计分方式：

选择"完全不符合"记1分；"比较不符合"记2分；"说不清"记3分；"比较符合"记4分；"完全符合"记5分。第1,2,5,6,9,12,15,16,17,21,26,27题反向计分。

第3,4,11,20,24题测量目标专注度；第1,2,5,21,23,27题测量情绪控制；第10,13,14,25题测量积极认知；第8,15,16,17,19,22题测量家庭支持；第6,7,9,12,18,26题测量人际协助。

每个维度题目的平均分如果高于4分,则可以认为这个方面的水平比较高,低于2分则说明这个方面的水平比较低。

实践作业 10－1　挫折的意义

回忆过去的1—3件对自己来说是"苦难"的挫折事件。如果这些事件发生在今天,你会用什么样的态度面对它? 你能为这个挫折找到什么意义? 请在表10－3中记录下来。

表10－3　挫折记录表

挫折事件	当时我对待它的情绪和态度	假如发生在今天,我会怎么面对它?	这个事件现在对我有什么意义?

续　表

挫折事件	当时我对待它的情绪和态度	假如发生在今天，我会怎么面对它？	这个事件现在对我有什么意义？

拓展阅读

➢ 史蒂芬·约瑟夫,2016.杀不死我的必使我强大[M].青涂,译.北京：北京联合出版公司.

这是一本讨论如何在创伤后成长的书。人的一生不可避免会经历各种创伤,但创伤不会毁灭一切,约瑟夫带领读者重新认识创伤和应对创伤。本书分成三个部分,即直面创伤,重建内心世界和疗愈。书中引用了很多背负痛苦却向阳而生的故事,并细致地介绍了应对创伤的六个步骤,这可以帮助读者实现创伤后的自我成长,追求生活的意义。

➢ 维克多·弗兰克尔,2018.活出生命的意义[M].吕娜,译.北京：华夏出版社.

本书的作者弗兰克尔是一个有着传奇经历的人,痛苦的遭遇与磨难没有击垮他,他不仅让自己超越了苦难,并且结合自身经历开创了意义治疗法,帮助人们绝处逢生。这本书分为两个部分：集中营的经历和意义疗法。通过本书我们可以见证灵魂的升华,追寻生命的意义。

思考题

1. 人们在经历挫折后会有哪几种不同的表现?
2. 请回想一次你遭遇挫折的经历。
3. 苦难有积极意义吗?如果有,是什么?
4. 请尝试举例说出不同程度的挫折。
5. 内部韧性因素包括哪几类?
6. 如何增强心理韧性?

第十一章

意志的力量

学习目标

- 了解意志能量的节能减排原理,掌握计划行为的实现策略
- 体验意志锻炼和目标追寻的过程
- 重视发挥主观能动性

一、从环境的奴隶到行动的主人

1. 环境的奴隶

早期行为主义主要代表人物约翰·华生(John Watson)认为,人是受环境控制的。人的行为只是对环境刺激作出的应答性反应,行为反应的大小取决于环境刺激的强弱。人的行为完全是受环境驱使被动发生的,毫无主动性。环境中诱惑的刺激会引起人的趋近行为。例如,打折销售会引起冲动消费,美味诱惑会引发暴饮暴食,威胁会引发逃避,困难会导致放弃。

行为主义另一位代表人物伯尔赫斯·弗雷德里克·斯金纳(Burrhus Frederic Skinner)认为,人会有一些自发性的行为,但这些行为是毫无计划性的,盲目试误的。当这些自发性的行为得到环境中给予的奖励(即强化)时,该行为发生的频率就会增加。例如,赌博赢钱后就会赌博成瘾,多次努力而无收获后就会放弃。

如果从行为主义者的观点来看待我们的一生,则人生毫无计划和努力的

必要,因为一切行动都不是我们自己谋划的,而是环境刺激引发或强化加强的,人生只需随波逐流。人生中即使取得了成就或作出了贡献,也没有什么自豪感可言,因为那仍是环境刺激的结果。

2. 行动的主人

新行为主义代表人物阿尔伯特·班杜拉(Albert Bandura)则认为,人并不是完全由外部刺激塑造和控制的,而是具有主观能动性的生物。个体、行为以及环境三者之间的交互作用是一个动态的循环过程,图11-1展现了这一过程,图中P代表个体(person),B代表行为(behavior),E代表环境(environment)。个体的认知因素(信念、意图、价值观和情绪等主观因素)影响着个体的行为,环境因素也会影响。个体的行为也会改变其所处的环境。在三元交互作用的过程中,人可以不断地选择环境,用行动去改造和影响自己所处的环境,从而突破环境的限制,掌握自己的命运,表现出主观能动性。

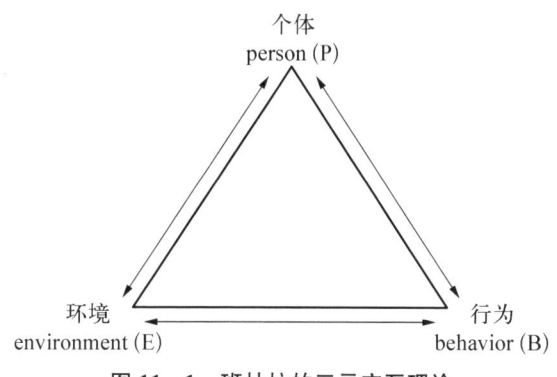

图 11-1　班杜拉的三元交互理论

资料来源:Bandura(1978)

3. 发挥人的主观能动性

发挥人的主观能动性主要依赖于人类具有的未来表征、观察学习和自我调节过程。

(1) 未来表征

人能够预测未来行为的可能结果,这些可能的积极结果或是消极结果会影响未来目标的选择和行为的动机。

人的大多数行为都具有目的性,通常是为了获得所期待的结果,或者为了避免将来的麻烦。人通过想象,在头脑中生成对未来的期待,对结果的期待促成了当下的行为动机。如果未来的结果是有益处的,积极美好的,那么人就会形成对未来结果的期待,进而生成努力实现的行为动机。例如,人会为了想象的美好身材去健身,或者是想到发胖的后果而决定节食。

(2) 观察学习

观察学习是指人不必亲身体会行动的后果,只需通过观察别人行动的积极或消极后果,就可以了解该行动的后果。观察学习解释了未来表征的来源。例如,一个儿童观察到同村某个大哥哥努力学习考入理想的大学,从而也产生了同样的梦想;或者观察到某个大姐姐过早嫁人并过着辛苦的生活,从而决定要晚些结婚。

每个人都像是一位人世观察者,通过观察身边人们的行动及其后果,从而形成自己的未来表征。接下来,要动用自我调节过程去实现未来表征。

(3) 自我调节过程

自我调节过程主要包括自我监控、自我判断和自我反应三个过程(如图 11-2 所示)。自我监控是指及时准确地监控自己行动的质量和速率。自我判断是指不断对比当前现状与既定目标之间的差距,不断调整、优化行为策略。自我反应是指运用自豪感、内疚感、挫败感和自我奖惩等手段来对自己的行为进行强化。

有的人要么因为受到诱惑而行动,要么因为受到逼迫而行动,这样的人生是不由自主的人生。具有强大主观能动性的人,能通过观察他人行动后果引起的得失,从而确定自己心中的追寻目标,不断检查自己的进度,反思行动的策略,并运用自豪感或内疚感来进行自我强化,不依赖于外部强化。

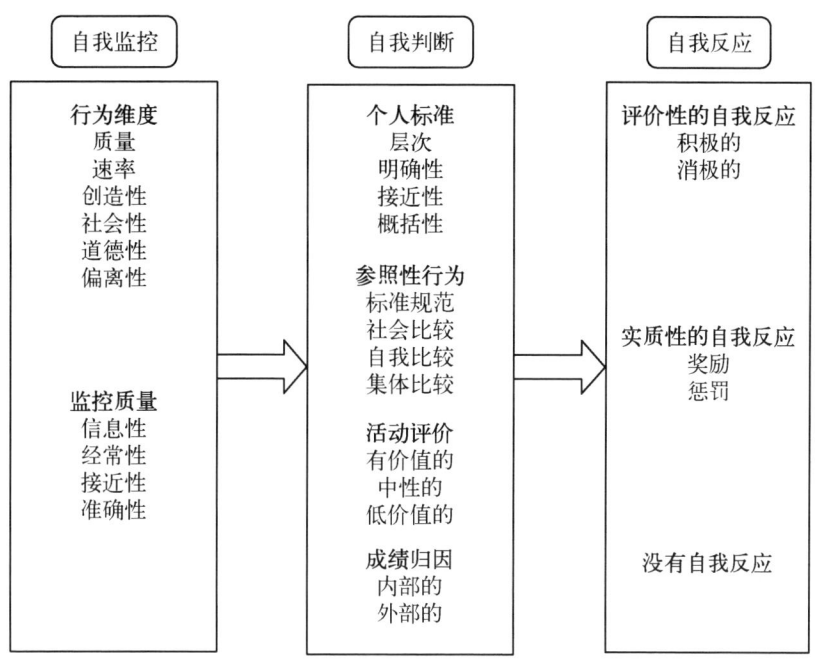

图 11-2　自我调节过程

课堂练习 11-1　被动的自我和能动的自我

回想一下自己过去所做的事情,哪些是由外部刺激或外部强化引发的被动行为?哪些是围绕长远目标规划而发生的主动行为,两类行为有哪些不同?请填写表 11-1。

表 11-1　被动的自我和能动的自我

	事件过程描述	目标的来源	努力的过程	过程中的感受	事情的结果	事后的感受	长远的影响
被动行为							
主动行为							

二、从被动风格转向主动风格

1. 什么是主动性人格

(1) 主动性人格的内涵

组织行为学家巴特曼(T. B. Bateman)和克兰特(J. M. Crant)提出了主动性人格(proactive personality)的概念,心理学家弗瑞斯(M. Frese)等提出了个人主动性(personal initiative)的概念。尽管两个概念的提出有不同的背景和目标,概念的内涵也有不同的侧重,但两者都倡导人要自发地、主动地创设目标,积极地采取行动,摆脱环境阻力的制约,善于捕捉机遇,最终实现目标。

(2) 主动性人格的行为表现

对所在的团体有内心承诺,有责任感和使命感,能主动提出团队的未来目标和任务;拥有积极进取的品质,如主动性,独立判断,高水平的投入态度和勇于说出自己的想法等;展现出正直、诚信的品质;心中持续持有一个长期的焦点目标;是目标导向和行动导向的;在障碍和挫折面前仍能坚持不懈;是自我驱动的;不流于空谈,有很强的行动性和执行力。

2. 主动性人格的测量

主动性人格量表(Proactive Personality Scale,PPS)是最具有代表性的测量工具。你可以利用表11-2的主动性人格量表来测试自己的主动性人格倾向,量表共有17个题目,请仔细阅读每一个题目。在每个题目的后面都有"非常同意、很同意、同意、不确定、不同意、很不同意和非常不同意"7个选项,请在最符合自己情况的相应格子里打"√"。

表11-2 主动性人格量表

	题目	非常同意	很同意	同意	不确定	不同意	很不同意	非常不同意
1	我不断地寻找新的方法来改善我的生活							

续　表

	题　目	非常同意	很同意	同意	不确定	不同意	很不同意	非常不同意
2	我想在社区甚至世界上有所作为							
3	我倾向于让别人主动开展新项目							
4	无论我身处何处,我都是推动建设性变革的强大力量							
5	我享受面对和克服想法上的障碍所带来的乐趣							
6	没有什么比看到我的想法变成现实更令人兴奋的了							
7	如果我遇到我不喜欢的事情,我会试图去处理解决							
8	不管发生什么事,我相信我一定会成功							
9	我坚持我的想法,即使别人反对							
10	我善于发现机会							
11	我总是精益求精							
12	如果我坚信某个想法,没什么能阻止我实现它							
13	我喜欢挑战现状							
14	当我遇到问题时,我会正面解决它							
15	我擅长将问题转化为机遇							
16	我能比别人早发现好机会							

续 表

	题 目	非常同意	很同意	同意	不确定	不同意	很不同意	非常不同意
17	当有人遇到困难时,我会竭尽所能帮助他们							

问卷来源：Bateman & Crant(1993)

*计分方式：

选择"非常不同意"记1分;"很不同意"记2分;"不同意"记3分;"不确定"记4分;"同意"记5分;"很同意"记6分;"非常同意"记7分。

回答完毕后,将答案所对应的分值相加,得出的分数就是主动性人格倾向的得分。得分越高,代表主动性人格倾向性越强。

3. 主动性人格的功能

主动性人格可以有效地预测工作绩效,有利于促进创新行为和开发活动,带来积极的工作满意度。

专栏 11-1　科学发现

研究者以388名大学生为研究对象,考察大学生主动性人格、学业自我效能感、学习适应和学业成绩四个变量之间的相关关系。结果如表11-3所示,主动性人格与学业自我效能感,学习适应和学业成绩之间均存在显著的正相关。结果表明：主动性人格对学业自我效能感、学习适应和学业成绩有积极的正向影响。

表 11-3　大学生主动性人格、学业自我效能感、学习适应和学业成绩的相关矩阵表

	M	SD	1	2	3	4
1 主动性人格	5.11	1.00	1.00			
2 学业自我效能感	3.26	0.50	0.47**	1.00		

续 表

	M	SD	1	2	3	4
3 学习适应	3.07	0.31	0.38**	0.32**	1.00	
4 学业成绩	4.27	1.13	0.16**	0.29**	0.18**	1.00

注：***表示 $p<0.001$，**表示 $p<0.01$，*表示 $p<0.05$。

资料来源：王伟,雷雳,王兴超(2016)

课堂练习 11-2　熟人里谁具备主动性人格？

请根据主动性人格的行为表现，列出在自己生活中熟悉的人里最符合主动性人格特征的典型人物，并分享交流。

三、意志能量的节能减排

1. 有限的自我控制资源

生活中常会出现这样的情况：当你在某个场合里装模作样了很久，回到家里迫不及待地摘掉领带歪进沙发里想放松一下；当你用尽全力完成了一个高难度的任务，你再也控制不住自己的食欲而狼吞虎咽地大吃了一顿，完全无心顾忌身材保持和健康计划。鲍迈斯特等(Baumeister et al., 1998)提出了能量有限理论来解释此现象。该理论认为：人们的意志能量资源（或者称之为自我控制资源）的总量是有限的，自我控制资源会在一些需要自我控制的事件中被消耗。自我控制资源被消耗之后，人们在接下来需要自我控制的事件中会表现不佳。自我控制资源消耗之后可以恢复。比如，人们在听一场陌生主题的报告时，需要更加专注地倾听和思考报告者所讲的内容，这会消耗人们的一部分自我控制资源。在认真地听完这场报告后，人们可能会有些疲惫，如果还要继续听另一场报告，会觉得难以集中注意力，甚至想逃跑，所以会议间隙往往会安排一个茶歇，让参会的人们有机会恢复一下自我控制资源。生活中某些情况更容易导致自我控制资源的损耗：抵抗诱惑会消耗自我控制资源，比如抵御美食或有魅力的异性的诱惑；抑制情绪表达会消耗自我控制资源，比如默默忍受悲伤或者强忍住不表现出愤怒；注意控制会消耗自我控制资源，即人们在主观控制自己的注意力指向哪个目标或持续关注某个目标的过程中会消耗自我控制资源，比如在十分嘈杂的环境中努力倾听某个人的讲话。

2. 如何成功实现自我控制

人们可以通过四种途径实现自我控制。

(1) 学会抵制诱惑的策略

沃尔特·米歇尔（Waltor Mischel）发现，人们可以采用如下抵制诱惑的策略来实现自我控制。

- 思考未来的结果

当我们面对眼前的诱惑时，思考接受诱惑带来的消极后果能够帮助我们有效缓解接受诱惑的冲动。比如，一个特别爱吃甜食的糖尿病患者收到了朋友送来的生日蛋糕时，特别想大快朵颐一次，可如果此时他能把注意力转移到思考吃蛋糕的后果上——吃蛋糕会使血糖上升，不利于控制病情，还可能诱发并发症（比如视力模糊等）……这些思考可能有助于控制吃蛋糕的冲动，只吃一点儿蛋糕或者不吃蛋糕。

- 抽象化

当我们面对诱惑时，可以通过抽象诱惑物的特点来减少它的诱惑力。比如，面对诱人的蛋糕，你可以将注意力转移到它的价格和原材料上，而不去想它的味道和口感，这样会削弱它对你的诱惑力。

- 回避诱惑性的线索

如果我们知道哪些诱惑是我们想避免的，那么我们可以有意识地避免与诱惑物或者与诱惑物相关的人和物接触。比如,爱吃甜食的人可以少去甜品店,吸毒的人要避免与往日毒友接触。

> **课堂练习 11-3　抵制诱惑的策略**
>
> 假设你面前放着一道美食,而最近你正在减肥,请你想想可以通过哪些途径降低它对你的诱惑力,把你的思维内容写在下面的横线上:
>
> _____
>
> _____

（2）节约自我控制资源

我们可以通过节约自我控制资源的方式,为后续的工作和学习保留自我控制资源。

- 适当表达情绪

如果我们克制自己的悲伤或者喜悦而不将其表达出来,那么会导致我们的自我控制资源损耗。我们可以通过写作、运动等方式表达情绪,而不是强忍情绪。

- 回避干扰较多的环境

由于干扰较多的环境需要我们把注意力调整到工作或学习任务上,因此回避干扰较多的环境可以节约自我控制资源。比如,我们可以选择去安静的地方读书,或者在嘈杂的环境中戴上耳塞等。

- 在重要场合前预留一点独处时间

如果一会儿要去台上发表演讲,那么此时最好能暂停与其他来宾的互动应酬,独处一小会儿,以便蓄积心理能量。

（3）增加自我控制资源

增加可利用的自我控制资源有利于实现自我控制。自我控制资源可以通过一段时间的训练得以提升,并迁移到其他方面(Muraven,2010),比如,可以通过以下方式进行训练。

- 监控饮食

提升对自己行为的监控水平,可以起到锻炼意志的作用。比如,你可以监控自己的饮食,记录自己每次进食的种类和热量。

- 非利手练习

持续坚持用非利手做事可以提高自我控制能力,比如,右利手的人练习用左手吃饭,写字,画画和操作手机。

- 姿态管理

坚持管理自己的姿态,也有助于提高自我控制能力,比如注意自己的坐姿,站姿,握笔的姿势和走路的姿势等。

- 正念练习

正念练习也可以提高自我控制能力,比如正念呼吸,冥想和正念行走等都可以提高专注能力。

专栏 11-2 科学发现

研究发现,长期练习太极有助于提升人们的工作记忆和抑制冲动的能力,有助于人们实现自我控制(Reid-Arndt,Matsuda,& Cox,2012)。作用原理在于,练习太极引导人们有意识地调节自己的注意指向,觉察自身的身体姿势和感受等。

(4) 及时补充损耗的自我控制资源

自我控制资源消耗后,为了减少人们在后继任务中受到负面的影响,可以通过以下三种途径来恢复自我控制资源。

- 适当休息

在自我控制资源被消耗之后,可以通过休息来缓解疲劳,恢复自我控制资源(Tyler & Burns,2008)。比如,课间去校园里散散步,看看窗外的风景,或者闭上眼睛静静地坐着,让大脑处于放空状态。

- 创造积极情绪体验

在自我控制资源被消耗之后,可以通过为自己创造积极情绪体验的方式来缓解疲劳,恢复自我控制资源(袁冬华,李晓东,2012)。比如,可以听一些优美的音乐,听一段搞笑的相声等。

- 补充葡萄糖

补充葡萄糖可以恢复消耗的自我控制资源(Gailliot & Baumeister,2007)。在面对困难的任务时吃一点含糖食物,有利于人们在做事过程中减慢自我控制资源消耗的进程。比如,在数学考试之前吃一块巧克力,在两门考试之间喝几口含碳水化合物的饮料。

四、在随遇而安与人定胜天之间

对于生活中遇到的困难,有时怀着"人定胜天""不达目的誓不罢休"的心态坚持是对的,有时怀着"随遇而安""顺势而为"的心态停止努力或更换目标也是对的。因为没有明确的规则告诉我们,眼前的困难适合哪种心态,所以我们需要灵活变换,不能在任何事情上总是固执地持守其中一种心态。

心理学家罗特鲍姆、魏斯和斯奈德(Rothbaum,Weisz,& Snyder,1982)提出了初级控制和次级控制的双过程模型,将人寻求控制感的方式分为初级控制(primary control)和次级控制(secondary control)。

1. 初级控制:不达目的不罢休

初级控制是指人们努力改变环境来满足自身需要和愿望。人们在追求目标时,会先尝试改变环境,并在此过程中获得一定的掌控感。如果挑战一个过去不敢做的任务取得了成功,下一次再做这一类事情时,会更有信心做好。我们需要这样直面困难的勇气,让我们不断获得控制感。然而,并不是所有事情都会如人所愿,因为我们的能力有限,很可能遇到一些无法妥善解决的问题,此时,我们的控制感就会受到损害。

2. 次级控制:随遇而安,随波逐流

次级控制是指人们通过调节自我认知、情感和意向,努力接受无力改变的现实状况,从而达到对环境的适应。在无法对抗困境时,人们可以调节自己的心态,努力接受现实并做出一些退让去适应现实。例如,劝自己"人算不如天算""命里无时莫强求""这倒也不是坏事""重要的是过程"。次级控制是一种顺应环境,保护控制感的举措,可以缓冲重大压力和不良生活事件对人们的负面影响。

3. 初级控制与次级控制间的平衡

应该改变环境满足自己,还是改变想法去适应环境,并不是一道迫选题。在生活中,我们可以将次级控制作为初级控制的辅助,寻找初级控制和次级控制的平衡(如图11-3所示)。例如,每一次体育测试你都无法在长跑项目中达到及格线,但每一年都需要进行体育测试,在今年体育测试来临前一个月,

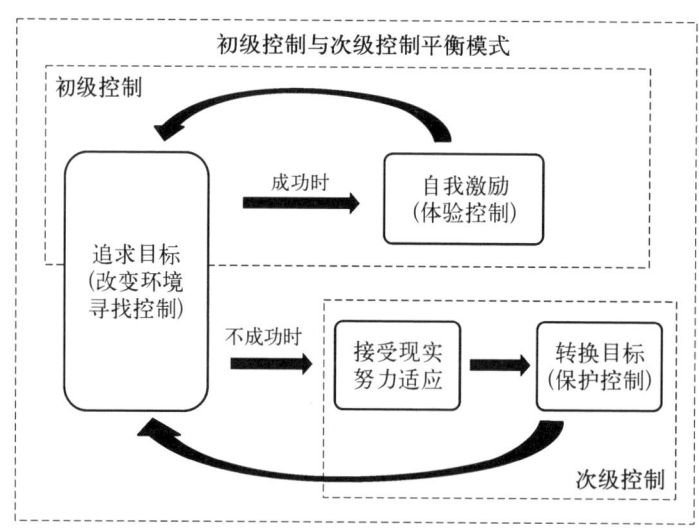

图 11-3 初级控制与次级控制平衡模式

你想通过每天跑步锻炼自己的耐力以取得好成绩。第一天跑步后,你发现自己肌肉酸痛。第二天跑起来很困难,你想要放弃,但你决定坚持下去(追求目标,寻找控制),忍着不适继续跑。慢慢地,你感觉跑步没那么困难了,便鼓励自己继续跑(自我激励,体验控制)。后来,你感觉自己已经能跑长跑,又决定提速,但是在提速的过程中发现,如果跑得太快,腿会很不舒服(追求目标不成功)。你开始慢慢调整回能够承受的速度,告诉自己不要过于着急(接受现实,努力适应)。稍作调整后,你尝试着慢慢加速到身体能接受的强度(转换目标,保护控制),并保持这一速度继续跑(再次追求目标)。

在生活中,优先选择通过努力改变环境以达到目标,会让我们获得更多的控制感。但在能力有限或环境难以改变时,我们要有意识地将改变环境转变成努力适应,接受现实,转换目标,调节行为,保护对生活的控制感。次级控制的保护和补偿作用让我们为下一次追求蓄力,在下一次行动中再次优先使用初级控制,收获控制感。人们在初级控制和次级控制平衡的过程中,不断获得控制感。

专栏 11-3 科学发现

德国耶拿大学的托马斯和芬兰赫尔辛基大学的萨尔梅拉(Tomasik & Salmela-Aro, 2012)对学生群体考试失败后补偿性次级控制的效果进行了研究。他们在一门心理学课程入学考试前后,对学生的生活满意度和补偿性次级控制进行了三次测试:第一次测试在入学考试前一个月,第二次测试在入学考试后一个月,第三次测试在入学考试后三个月。

研究结果发现,那些考试不及格的学生,在得知考试结果后,如果采

> 用了更多的补偿性次级控制,其生活满意度会在考试后三个月得到回升,但那些通过入学考试的学生,其次级控制倾向对生活满意度没有明显影响。这表明,在采用次级控制后,人们很快会走出原有的失败,将情感和精力投入到新的目标追求中,重获满意生活。

五、利有所不取,害有所不避

人在面临外界刺激时,会依据外部刺激的性质(有利或者不利),产生两类不同的反应:趋近(approach),对抗—逃离—僵化(fight-flight-freeze)。

更复杂的情况下,同一个外界刺激的性质利弊兼有,这时就需要人采取更复杂的反应。

为了描述上述情况,格雷和麦克诺顿(Gray & McNaughton,2000)提出了强化敏感性的三个系统:行为趋近系统(behavior approach system,BAS)、对抗—逃离—僵化系统(fight-flight-freeze system,FFFS)和行为抑制系统(behavior inhibition system,BIS)(如图 11-4 所示)。

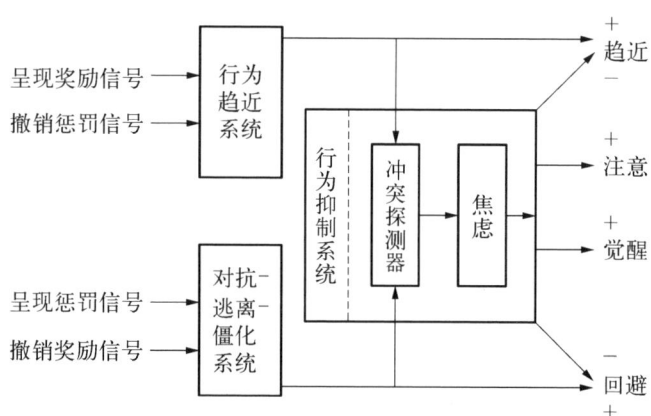

图 11-4　行为趋近系统、对抗—逃离—僵化系统和行为抑制系统的关系图

资料来源:Gray & McNaughton(2000)

1. 强化敏感性的系统

- 行为趋近系统

该系统由具有奖励性或欲求性的刺激信号(如美食、游戏等)激发,反映的是人们奖励敏感性的高低。该系统被激活时,个人会产生诸如希望、快乐等积极情绪体验,表现出向期望目标趋近的行为,俗称"趋利",而具有奖励性或欲求性的刺激信号就是所谓的"利"。

- 对抗—逃离—僵化系统

该系统对具有惩罚性或危险性的刺激信号(如来自他人的批评,害怕的动物等)敏感,反映的是人们惩罚敏感性的高低。该系统被激活时,个人会产生恐惧情绪,引发对抗、逃离或僵化反应,俗称"避害",而惩罚性或危险性的刺激信号就是所谓的"害"。

- 行为抑制系统

现实中,人们面临的多数情境都是包含混合刺激的复杂情境,奖励信号和惩罚信号多重交织,相互作用,继而引发冲突。该系统就是冲突的检测、解决和平衡机制,反映的是个人调节冲突水平的高低。假设一个正在努力减肥塑身的人碰到了最爱吃的汉堡,汉堡便是兼有"利"与"害"两种刺激的信号,随即引发"趋利"与"避害"的冲突。此时,冲突的产生激活行为抑制系统,由它来权衡利弊,作出有利于个人成长的积极选择。

课堂练习11-4 填写生活事件激活的系统及引发的行为反应

请根据强化敏感性的三个系统的特点分析一下,你日常生活中遇到的生活事件激活了哪个或哪几个系统,以及你作出了怎样的反应,填写在表11-4中。

表 11-4　行为反应记录表

生活事件	激活的系统 (BAS/FFFS/BIS)	最终的行为 (趋近/回避)
有害的		
有利的		
利弊兼有的		

2. 利害兼具时的权衡

人一生中难免要遇到各种各样利害兼具的复杂情境。趋利避害是人最原始的本能反应,而权衡利害的水平则因个人修炼不同而不同。迎难而上和抵御诱惑都是冲突调节水平较高的表现。迎难而上是"害有所不避",例如明知艰难辛苦但毅然选择接受挑战,抵御诱惑是"利有所不取",例如虽然心动但却能按捺住自己。

专栏 11-4　科学发现

"利有所不取,害有所不避"的初中生学校适应状况最好

为了探讨强化敏感性对初中生学校适应的影响,崔楠楠(2014)对296名初二学生展开了调查。结果发现,冲突调节水平高(行为抑制系统更发达,能调整行为趋近系统和对立—逃离—僵化系统的冲动)的初中生,学校适应状况最好。具体表现是,他们取得了更高的学业成就,在学校中投入了更多的精力,表现出更多的亲社会行为,与教师的关系亲密,与同学的关系良好,具有更少的孤独感,师生冲突较少,能够获得师生的一致好评。

六、缩小行为意愿与行为之间的鸿沟

如何判断一个人能否实现自己的愿望？阿耶兹（Ajzen,1991）提出的计划行为理论（theory of planned behavior）为此问题提供了理论依据。该理论认为，人的行为主要受行为意向（behavioral intention）和感知的行为控制（perceived behavioral control）的影响，而行为意向又受行为态度（behavioral attitude）、主观标准（subject norm）和感知的行为控制的影响。行为态度、主观标准和感知的行为控制在概念上是独立的，但是在理论结构上又是两两相关的，是在态度的期望理论基础上建立起来的（如图11-5所示）。

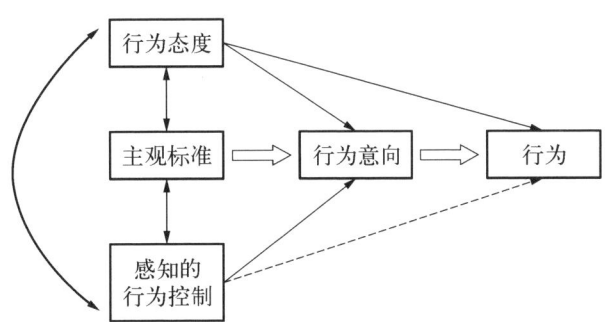

图 11-5　计划行为理论结构模型

资料来源：Ajzen(1991)

- **行为意向**是指个人的打算或愿望。
- **行为态度**是指个人对特定行为及其结果的态度。
- **主观标准**是指重要他人（家长、教师、同伴等）的期望以及对重要他人期望的服从程度。
- **感知的行为控制**是指个人感知到的对行为的掌控程度。

一个人对某行为的态度越积极，重要他人认为该行为越重要，同时他也觉得自己可以控制该行为，那么他的行为意向就会越高，最后做出实际行为的可能性也越高。例如，一个有身体锻炼意向的人，觉得每天跑步可以起锻炼的作

用而且是一件令人愉悦的事情(行为态度),同时,他的父母和好朋友都觉得他应该加强锻炼(主观标准),他觉得他可以做到每天跑步(感知的行为控制),那么这个人就会形成通过跑步锻炼身体的愿望(行为意向),未来他更可能每天坚持跑步(行为)。

然而,仅仅有行为意向并不能保障行为的出现。研究发现,有行为意向者中仅有一半左右的被试会真正做出实际行为,还有一半的被试根本没有做出任何行为(Sheeran,2002)。计划行为理论能解释行为意向39%的变异,但却只能解释行为27%的变异(Armitage & Conner,2001),行为意向与行为之间存在鸿沟。掌控生命中的挑战,不能仅靠行为意向和空想,而是要靠实际行为。厄廷根、思南特和帕克(Oettingen, Schnetter, & Pak, 2001)提出的心理对照(mental contrasting)策略和格尔维茨(Gollwitzer, 1999)提出的执行意向(implementation intention)策略可以有效地帮助个体解决行为过程中的意志问题,促进行为意向转化为行为,减小行为意向与行为之间的鸿沟(Gollwitzer & Sheeran, 2006)。

1. 心理对照策略

与励志类书籍上的观点不同,梦想实现理论(fantasy realization theory)的相关研究发现,天马行空地想象期望的美好未来反而会阻碍愿望的实现(Oettingen, Mayer, & Portnow, 2016; Sevincer, Wagner, Kalvelage, & Oettingen, 2014)。该理论指出,人们在设定目标时,存在四种将未来梦想变为目标的自我调节思维策略:空想(indulging),驻足(dwelling),心理对照(mental contrasting)和逆向心理对照(reverse mental contrasting)(如图11-6所示)。

- 空想的人在设定目标时仅在脑海中详细具体地想象愿望实现后的美好未来。他们沉溺于未来成功的情境,不将当前障碍看成是实现愿望必须面临的挑战,因此很少行动。
- 使用驻足策略的人只聚焦于想象当前现实生活中阻碍愿望实现的障

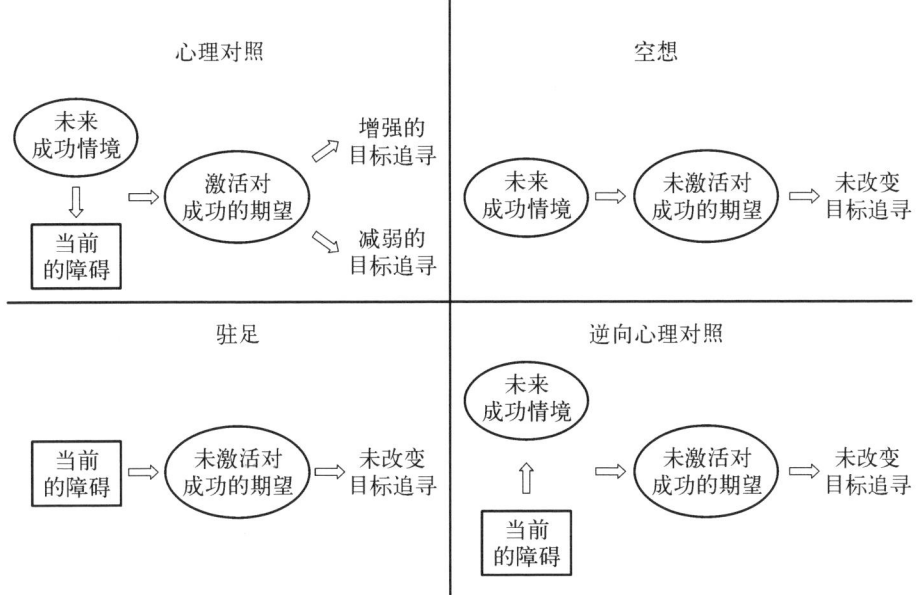

图 11-6 自我调节思维策略模型

资料来源：Oettingen(2012)

碍,他们不知道现实的行动该指向何方,亦无动力去行动。

- 心理对照策略是指个体首先想象期望的未来,然后思考当前在现实生活中阻碍该愿望实现的障碍。这一策略有助于人们将对未来的心理表征与对现实的心理表征相结合,提示为了实现愿望,个体必须首先在现实中行动,克服当前的困难和障碍。

- 逆向心理对照策略是指首先思考当前在现实生活中阻碍愿望实现的障碍,然后再想象期望的未来,这样的思考顺序使得期望的未来无法作为现实的指引方向,亦不利于愿望实现。

这四种自我调节思维策略,只有心理对照策略能激发人们对未来的成功期望,促进成功期望水平高的人提高投入程度,克服当前的障碍,努力实现目标,并让成功期望水平低的人放弃不切实际的目标,转而寻找更合适的目标(Oettingen,2012;Oettingen & Schwörer,2013)。

2. 执行意向策略

执行意向策略是指将情境线索(行动的好机会或条件)与达成目标或期望结果的有效行为联系起来的"如果—那么"计划,其结构为"如果情境 Y 出现,我就启动行为 Z 以达成目标 X"(Gollwitzer,1999)。这一策略能帮助人们减少目标执行过程中的意志问题,帮助个体将行为意向转换为实际的行为(Gollwitzer & Sheeran,2006)。

执行意向策略的具体形式有两种:

一是行动计划(action planning),即对目标相关行为的规划,确定在何时何地(或在何种情境下)做何种与目标相关的行为,例如,"我打算周一到周五上午在图书馆学习英语"。

二是应对计划(coping planning),即确定如何应对在目标追寻过程中遇到的障碍和问题,例如,"如果朋友总是约我出去参加聚会,我会适当地拒绝朋友的邀请,节省时间好好复习考研"。

这两种形式的执行意向策略都有助于减少行为意向与行为之间的鸿沟,促进目标达成,而应对计划的促进效果要好于行动计划的促进效果。

3. 心理对照策略与执行意向策略相结合

将心理对照策略(目标设定阶段的策略)与执行意向策略(目标执行阶段的策略)相结合(简称 MCII 策略),能进一步减少行为意向与行为之间的鸿沟(Stadler,Oettingen, & Gollwitzer,2009)。MCII 策略引导人们依次思考愿望(wish),结果(outcome),障碍(obstacle)和计划(plan),因此也被称为 WOOP 思维。具体的操作过程如下:

第一步,思考想要完成的重要愿望。

第二步,思考愿望实现能给生活带来的最积极结果,并尽可能生动详细地想象与积极结果相关的事情。

第三步,思考阻碍实现愿望的关键障碍,并尽可能生动详细地想象与这个障碍相关的事情。

第四步,制订能够预防/克服这一障碍的"如果—那么"计划。可以问自己以下问题:能否预防障碍的发生?在哪种情境下,做什么行为能预防障碍的发生?如果不能预防障碍的发生,那么障碍最可能在什么情况下发生?又该如何应对障碍?

课堂练习 11-5　运用 MCII 策略

请运用 MCII 策略来思考你今天的愿望,并在图 11-7 中填写思考的内容。首先,写下你今天的愿望;其次,写下实现愿望的最佳的结果,并在头脑中生动地想象相关事情;再次,写下阻碍愿望实现的障碍,并在头脑中生动地想象相关事情;最后,制订能够预防/克服这一障碍的"如果—那么"计划。

你今天的愿望:＿＿＿＿＿＿＿＿＿＿

最佳的结果:＿＿＿＿＿＿＿＿＿＿

障碍:＿＿＿＿＿＿＿＿＿＿

计划:克服/预防/抓住机会

如果:＿＿＿＿＿＿＿　那么:＿＿＿＿＿＿＿
　　　情况(时间地点)　　　　　　行动

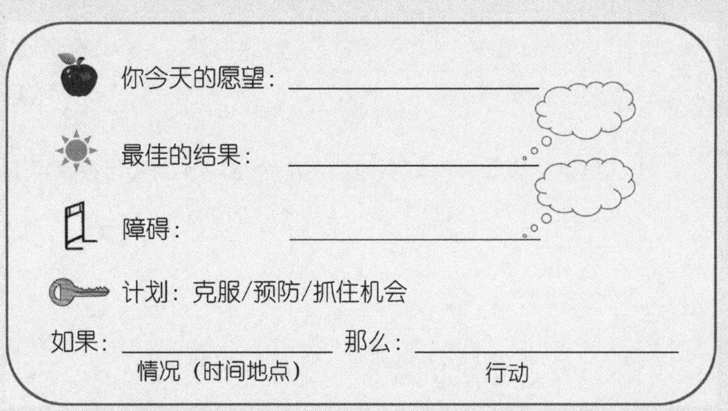

图 11-7　运用 MCII 策略

专栏 11-5　科学发现

斯塔德勒、厄廷根和格尔维茨(Stadler, Oettingen, & Gollwitzer, 2010)采用 MCII 策略对中年女性的水果蔬菜摄入量进行干预,随机将被试分到信息组(提供摄入水果蔬菜的相关知识)或信息+MCII 策略组。在干预后的 4 个月,信息组以及信息+MCII 策略组的中年女性的水果蔬菜摄入量均高于基线水平,24 个月后,信息+MCII 策略组的中年女性的水果蔬菜摄入量仍然维持较高水平,但信息组的中年女性的水果蔬菜摄入量返回到了基线水平(如图 11-8 所示)。这说明 MCII 策略的效果随着时间的推移并没有减弱。

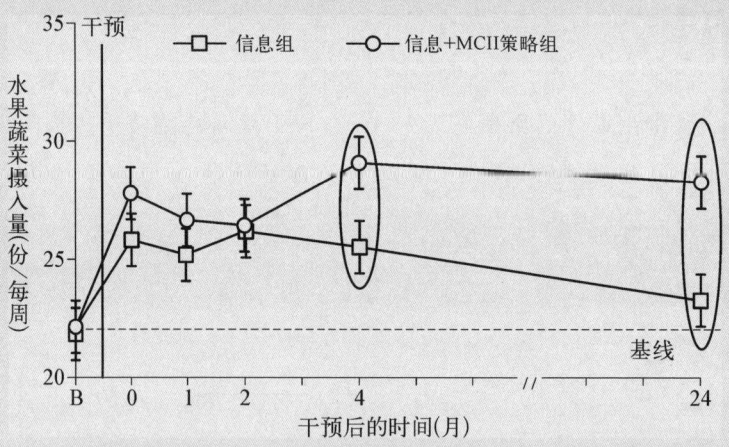

图 11-8　信息组以及信息+MCII 策略组中年女性 24 个月的水果蔬菜摄入量

资料来源:Stadler, Oettingen, & Gollwitzer(2010)

课堂练习 11-6　资源与阻碍

思考一下,完成你想要完成的事情,需要哪些必备的条件与资源?你打算如何获取这些条件与资源?会遭遇哪些阻碍?你打算如何克服这些阻碍?将思考结果填写入图11-9中。

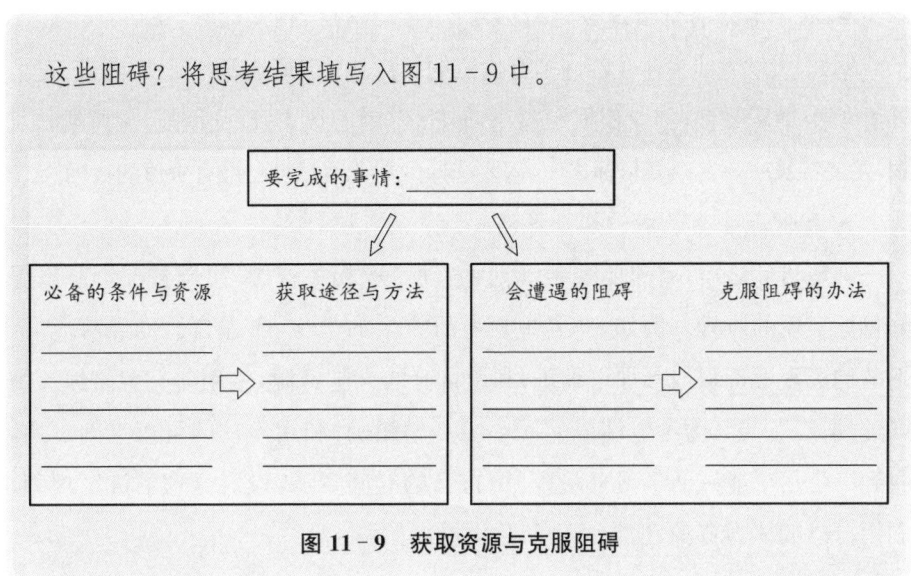

图11-9 获取资源与克服阻碍

七、目标追寻之路上的策略

德国马克斯·普朗克人类发展研究所毕生发展研究中心原主任、心理学家巴尔特斯认为,扩大"收益"并降低"损失"的关键是三个策略,即选择(selection)、优化(optimization)与补偿(compensation),简称SOC策略的配合,具体行为表现如表11-5所示。

表11-5 选择、优化与补偿的具体行为表现(Baltes,1997)

选择 (目标/倾向)		优化 (目标相关过程)	补偿 (降低损失的途径和资源)
选择性选择	具体化目标 建立目标层级体系 构建目标情境 目标承诺	专注 努力/精力投入 时间分配 技能练习 学习新技能/搜寻新资源 学习他人成功经验 自我发展的动机	提升注意力 加倍努力/更多精力 增加时间投入 使用没用过的技能和资源 学习新技能/搜寻新资源 学习他人成功的补偿经验 获取外部的/他人的帮助与支持 治疗性干预
基于损失的选择	关注最重要的目标 寻找新目标 重建目标系统 适应规则		

- 善于选择有价值的目标

例如,大学生活中存在着许多有价值的目标:考取职业资格证书,考研究生,外语考级,兼职赚钱,创业积累经验,参加社团,潜心读书,广交朋友,旅游增长见识,发展特长……在众多目标之中,需要选择少数几项对自己最有价值的目标。

- 优化组合自己的一切资源

确定目标之后,就需要妥善筹划,主动获取相关资源,协调各项资源以保障目标实现的过程。例如,一名想要考研究生的学生,考虑自己的经济能力,斟酌购买复习资料或参加培训班;利用自己的人脉资源,主动向有考研经历的同学"取经",与其他考生结成学习小组互相激励;利用学校的可用空间资源,找到一个尽可能好的学习环境;利用自己的时间资源,设定合理的进度规划;利用自己的体力资源,增加精力和时间投入。

- 补偿那些受损的资源

在追逐目标的过程中,所需的可利用资源可能会遭受损失,这时就需要用补偿策略。例如,遭遇肢体残疾的人,练习用其他器官作为补偿;视力或听力下降的人,用眼镜或助听器作为补偿;个人精力不足的人,利用朋友或同伴的支援作为补偿;做事效率下降的人,投入更多时间和精力作为补偿;直接交往对象减少的人,利用网络社交平台作为补偿;多次尝试而未能成功的人,采访成功者的经验作为补偿。善于利用补偿策略的人,将会在目标追寻的路上走得更远。

专栏11-6 科学发现

为了探索选择、优化与补偿这三个策略在人们的生活中所起的作用,弗罗因德和巴尔特斯(Freund & Baltes,2002)对399位14—89岁被试展开了调查。他们发现,善于运用选择、优化与补偿策略的人会有更高的主观幸福感,更高的生活管理水平及更灵活的思维方式。

课堂练习 11-7　给你的事情排个序

生活里总有各种各样的事情需要我们处理。这些事情中有的是我们想要做的,有些是我们需要做的。请在纸上写下未来六个月内你需要完成的所有事情,然后按照事情的紧迫性和重要性对这些事情进行分类,并填入图 11-10 中,然后根据右上角既重要又紧迫的目标,说说你打算采用前述哪些策略。

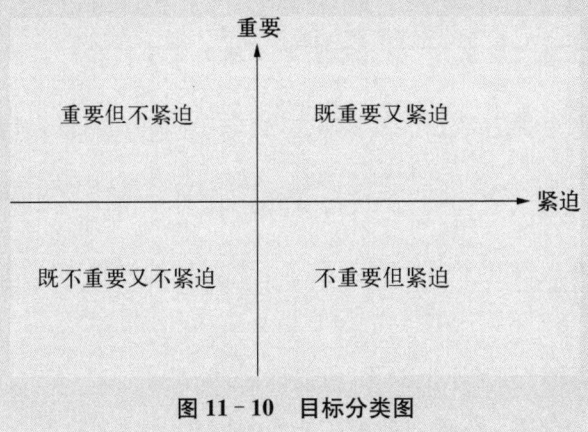

图 11-10　目标分类图

实践作业 11-1　建立新习惯

连续两周用你的非利手吃晚饭。通过两周的艰苦练习,你的意志力将得到明显的提升。

拓展阅读

➢ 戴维·L.华生,罗兰德·G.夏普,2010.自我导向行为[M].陈侠,钟小族,陈丽,译.北京：中国人民大学出版社.

  本书运用大量的研究和案例,帮助读者掌握选择目标,制订计划并实施计划的能力。

➢ 沃尔特·米歇尔,2016.棉花糖实验：自控力养成圣经[M].任俊,闫欢,译.北京：北京联合出版公司.

  在这本书中,你可以了解到什么样的环境有利于自我控制能力的发展,并发现成功实现自我控制的方法。

➢ 阿尔伯特·班杜拉,2015.社会学习理论[M].陈欣银,李伯黍,译.北京：中国人民大学出版社.

  本书告诉我们环境、行为以及人的主体因素之间的交互决定关系,以及人们该怎么做才能成为自己命运的主人。

思考题

1. 你是否正在追寻某个目标？在追寻这个目标的过程中,你运用了哪些方法与策略？
2. 有人说"因为计划赶不上变化,所以计划无用",你怎么看？
3. 有哪些经验促进了你的自我控制能力的提高？
4. 人是如何进行主动规划和自我调节的？
5. 请举例说明,什么情况下适合采用初级控制？什么情况下适合采用次级控制？
6. 以你目前最想实现的一个目标为例,说明你将如何使用MCII策略和SOC策略？
7. 请讲述"利有所不取,害有所不避"的典型事例。
8. 主动性人格有哪些行为表现？

第十二章

幸福的科学

> **学习目标**
> - 了解幸福的"汉堡模型"和幸福的五个要素
> - 掌握提升幸福感的理念和方法
> - 形成积极的幸福观和人生态度

在过去近五十年里,心理学研究更多关注心理疾病的诊断和治疗。然而,人不仅要解决问题,减少痛苦,还要学习如何追寻快乐和幸福。幸福是生命的一种基本需要,也是人生的终极追求。

什么是幸福?幸福没有统一的标准。现实生活中,人们常在对比中寻找幸福,对物质的追求超越了对精神的享受。有些人简单地将幸福等同于愉悦,但幸福涵盖的内容远不止于此。

从人们的主观感受出发来界定幸福感,可以认为幸福感包括三个方面。

第一,积极的情绪状态,即感到快乐,愿意探索世界,对生活感到满意。

第二,积极的心理功能,包括能够自我接纳,具有个人成长的动力,生活有目标和方向,对环境具有掌控感,能够自主掌握和调节自己的行动。

第三,社会性的幸福感,包括能够接纳他人的行为和想法,相信社会可以变得更美好,相信奉献社会和团体活动是有意义和价值的,认为社会事件的发生是合理且可预测的,对某一团体具有归属感并愿意与团体分享自己的生活。

一、幸福的"汉堡模型"

本-沙哈尔把"幸福"从一个抽象的名词变成"可以定义、实验和练习的科学",他提出幸福是快乐与意义的结合。快乐指向当下的利益,是现在的美好时光;意义则指向未来的利益。

有些事情能带来一时的快乐,却伴随长远的痛苦;有些事情有益于未来,但当下的处境却很难熬。有没有哪些事情,既能带来当下的快乐,又具有长远的益处呢?

本-沙哈尔以幸福的界定为基础提出了"幸福模型",也称为幸福的"汉堡模型",即当下的快乐和未来的利益可以组合成4种汉堡,每种汉堡都有自己的独特之处,分别代表四种不同的生活模式和人生态度(如图12-1所示)。

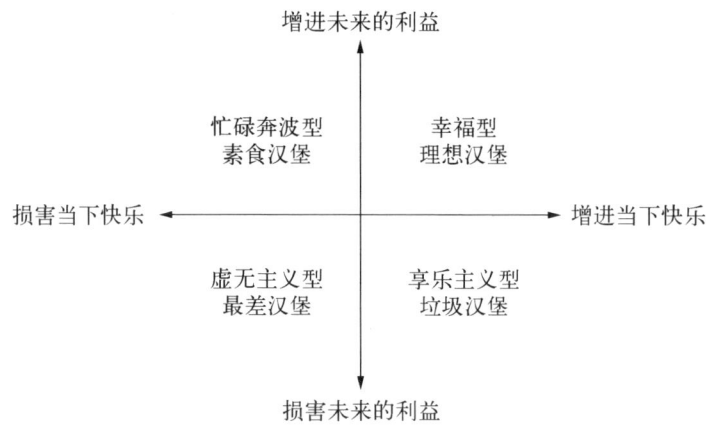

图 12-1 幸福的"汉堡模型"

资料来源:泰勒·本-沙哈尔(2013)

1. "素食汉堡"——忙碌奔波型

"素食汉堡"中只有健康的蔬菜和食材,虽然吃的过程很痛苦,却有益于未来的健康,我们将与此类汉堡模型相对应的人称为忙碌奔波型。他们不断追求目标,认为此刻的一切努力都是为了实现未来的目标,实现目标就会带来幸福,而痛苦的过程是获得未来幸福的必由之路。而当目标实现后,新的目标会出现并取代原有目标,随之而来的压力和挑战使幸福转瞬即逝。这是因为他们忽视了过程的重要性,不懂得享受自己的工作,每一次实现目标带给他们的只是短暂的快乐,随之而来的则是更多的压力而非幸福。例如,有些学生学习只是为了考取好大学,找到好工作,过上好生活,每日将大部分时间投身于学业,但在学习过程中却无法体验学习的乐趣。

2. "最差汉堡"——虚无主义型

"最差汉堡"不但吃起来口味差,还会影响未来健康,我们将与此类汉堡模型相对应的人称为虚无主义型。他们放弃了追寻生活意义的希望,既不享受当下拥有的一切,也不对未来抱任何期望。例如,有的学生既不能投身于为未来前途的学习,也不能从每天的学校生活中发现乐趣。对未来悲观绝望,对当下生活又无精打采。

3. "垃圾汉堡"——享乐主义型

"垃圾汉堡"口味诱人,但却是不利于健康的"垃圾食品",吃掉它能够享受一时之快,却会牺牲未来的健康,我们将与此类汉堡模型相对应的人称为享乐主义型。他们认为过程是最重要的,不断满足欲望的生活是充实的。因此,他们总是寻找快乐,逃避痛苦,盲目地满足欲望而不顾虑可能产生的消极后果。这样的生活虽然简单又充满乐趣,但未来目标的缺失阻碍了他们对幸福的体验。例如,有的同学因沉迷网络而逃课逃学,在虚拟世界中享受拼杀升级的快感,而全然不顾当下行为对未来造成的影响。

4. "理想汉堡"——幸福型

"理想汉堡"既好吃又有益于未来健康,我们将与此类汉堡模型相对应的人称为幸福型。他们能够平衡当下的快乐和未来的意义,不仅享受当下的乐趣,也追寻有意义的目标。幸福不是拼命爬到山顶,也不是在山下漫无目的地游逛,幸福是向山顶攀登过程中的种种经历和感受。例如,有些学生不仅能为了实现目标而努力学习，也能从学习生活中获得诸多乐趣，积极参与各类活动。

这四种人生模式并非将人的生活进行绝对划分，每个人都会具备四种类型的一些特点，并非所有事情都能为我们带来当下的快乐和未来的利益，我们需要不断平衡当下和未来的利益，实现真正的持续的幸福体验。

二、幸福的五个要素——PERMA

美国心理学家塞利格曼认为，幸福是构建的概念而非真实的存在，它不局限于对生活的满意程度，而是由五种具有真实性且可测量的要素组成，每种要素都能促进幸福，但没有一种可以单独定义幸福。它们分别是积极情绪（positive emotion），投入（engagement），人际关联（relationship），意义（meaning），成就（accomplishment），简称PERMA。

1. 积极情绪

积极情绪是幸福的重要组成部分，主要包括快乐、感恩、平静、希望、自豪、乐趣和爱等。积极情绪能产生更多的幸福体验，同时也是幸福体验的产物。体验到积极情绪的人能开心地回顾过去，充满激情地享受当下，满怀希望地憧憬未来。积极情绪体验发挥的作用远超越脸上的微笑，它能使我们对未来生活充满乐观和希望，在工作和学习中发挥创造力并取得优异的成绩。积极情绪还具有蔓延作用，它能帮助我们建立良好的人际关系，使更多的人受到快乐的感染。

2. 投入

无所事事让人感到无聊，具有吸引力的工作或生活则会让人投入。我们在投入时易产生一种充满喜悦，被当下的一切吸引的状态，但投入状态不是在当下感知的，而是通过事后回顾产生的对过去投入的主观感受。我们可能在跑步，听音乐，绘画，跳舞或工作时有过这样的投入体验，在这样的投入体验中最容易实现自己独特的潜能。

3. 人际关联

人类是社会性动物，需要爱与沟通。与家庭成员、朋友、邻居、同事、爱人构建的关系网络有助于提升我们的幸福感。当我们和其他人倾诉最近遇到的困难时，问题其实已经解决一半或者更多。当我们将幸福的体验与他人一同分享后，更多人的积极情绪被调动出来，幸福得到传递。当我们与自己所爱之人分享自己的快乐时，我们体验到的喜悦也会增加。当我们感受到来自他人的接纳、信任、感激、欣赏、关爱和支持时，我们会觉得人生更加美好。

4. 意义

意义是指投身于你认为能够实现自我超越的事情并为之努力，是具有主观成分的要素。以往关于意义的研究发现：加入某种团体或组织并且为其共同目标而努力的人会体验到更高水平的幸福；当人们的工作与其本身的价值观和信念相符时，幸福感更高；当人们对自己日复一日的工作感到认可时，幸福感更高。人们可能赋予意义的目标包括家人的福祉，社会的进步，求知或审美等。

5. 成就

成就代表个体对环境的掌控能力，但拥有成就并不代表拥有幸福。我们可以追求成就，但成就不代表一切，享受追求目标的过程远比成就更重要。憧憬未来时，成就帮助我们构建了希望；回顾过去时，成就使我们对自己更为满意。当你取得满意的成就时，你更可能与他人分享经验与方法，更可能激励自己和同事，进而在工作中有更好的表现。

例如，班级要举办联欢会，你和你的几位同学的任务是布置会场，你们全神贯注地工作，共同出谋划策，一起行动，忙得不亦乐乎，最后完成了任务，为联欢会打造了良好的氛围，同学对你们的成果表示肯定，联欢会举办得非常成功。这个过程你收获的就是真正的幸福。回忆一下曾经使我们感到积极、喜悦的事件，是不是都有"他人"的存在呢？所以和他人一起，为你认为有意义的事情全心投入，有所成就，并享受整个过程，你就会感受到真正的幸福！

你可以在表 12－1 中进行 PERMA 幸福感测试。

表 12－1　PERMA 幸福感测试

请你认真阅读下面的每条描述,然后评价每条描述发生的频次或者与你的情况符合的程度。"0"代表从不或完全不符合,"10"代表总是或完全符合,1—9 代表居于 0 和 10 之间的情况。请你从 0—10 中选择最适合你的选项。

题号	题目	选									项
1	你感觉自己朝着目标迈进	0 从不	1	2	3	4	5	6	7	8	9	10 总是
2	你会专注于正在做的事情	0 从不	1	2	3	4	5	6	7	8	9	10 总是
3	感到快乐	0 从不	1	2	3	4	5	6	7	8	9	10 总是
4	你达成了为自己设定的目标	0 从不	1	2	3	4	5	6	7	8	9	10 总是
5	你的生活是有目的和有意义的	0 完全不符合	1	2	3	4	5	6	7	8	9	10 完全符合
6	你会收到自己所需要的帮助和支持	0 完全不符合	1	2	3	4	5	6	7	8	9	10 完全符合
7	你生活中所做的事情是有价值的	0 完全不符合	1	2	3	4	5	6	7	8	9	10 完全符合
8	你对所做的事感到兴奋并且有兴趣	0 完全不符合	1	2	3	4	5	6	7	8	9	10 完全符合
9	感到积极向上	0 从不	1	2	3	4	5	6	7	8	9	10 总是
10	你能承担身上的责任	0 从不	1	2	3	4	5	6	7	8	9	10 总是
11	在做自己喜欢的事情时,你会忘记时间	0 从不	1	2	3	4	5	6	7	8	9	10 总是
12	感到被爱	0 完全不符合	1	2	3	4	5	6	7	8	9	10 完全符合
13	你感到生活有方向感	0 完全不符合	1	2	3	4	5	6	7	8	9	10 完全符合

续 表

题号	题 目	选 项										
14	你对人际关系感到满意	0 完全不符合	1	2	3	4	5	6	7	8	9	10 完全符合
15	感到满足	0 完全不符合	1	2	3	4	5	6	7	8	9	10 完全符合

问卷来源:Butler & Kern(2016)

*计分方式:

第1,4,10题测量成就;第2,8,11题测量投入;第5,7,13题测量意义;第3,9,15题测量积极情感;第6,12,14题测量人际关联。每个维度题目的平均分为该维度的得分,分数范围是0—10分。你可以将自己的分数与表12-2中的分数标准对照,判断自己各个方面水平的高低。

表 12-2 PERMA 幸福感水平的判断

水平	积极情绪的得分:P	投入的得分:E	人际关联的得分:R	意义的得分:M	成就的得分:A
偏低	P≤6	E≤6	R≤5.67	M≤6	A≤6.25
居中	6<P<8	6<E<8	5.67<R<8	6<M<8.33	6.25<A<8.33
偏高	P≥8	E≥8	R≥8	M≥8.33	A≥8.33

课堂练习 12-1 我的 PERMA 时光

请依据幸福的五个要素(PERMA),回忆过去生活中你经历的PERMA 时光,并在表12-3中对事件内容进行简单的描述和记录,指出该事件中包含五个要素中的哪几个要素。

表 12-3 我的 PERMA 时光

对事件的简单描述	P 积极情绪	E 投入	R 人际关联	M 意义	A 成就

续　表

对事件的 简单描述	P 积极情绪	E 投入	R 人际关联	M 意义	A 成就

三、幸福与金钱的关系

金钱对幸福的影响是人们经常谈论的话题，金钱能买来幸福吗？有些人认为富人更幸福，因为金钱能够满足他们的物质需要，使他们获得高质量的教育和服务，还能让他们获得更高的社会地位，更能掌控自己的人生；还有些人认为财富与幸福的关系较为复杂，富人需要面临更大的压力，对于那些足够富有的人来说，他们的幸福更多受金钱以外的其他因素的制约。接下来，我们共同了解一系列科学发现，并探讨幸福与金钱的关系。

1. 科学实验：各国人民的购买力与生活满意度

迪纳和小石（Diener ＆ Oishi，2000）对全世界 40 个国家（每个国家有约 1 000 人参与）开展了一项关于生活满意度的调查，以考察国民幸福水平与国家富裕程度的关系。幸福水平的评价指标是国民对生活的满意度，请被调查者对近来生活的满意度进行 1—10 级评定("1"代表很不满意,"10"代表很满意)。国家相对富裕程度的评价指标是购买力,将美国的购买力计为 100 分,其他各国与其进行比较后得到相对购买力。结果如图 12-2 所示。

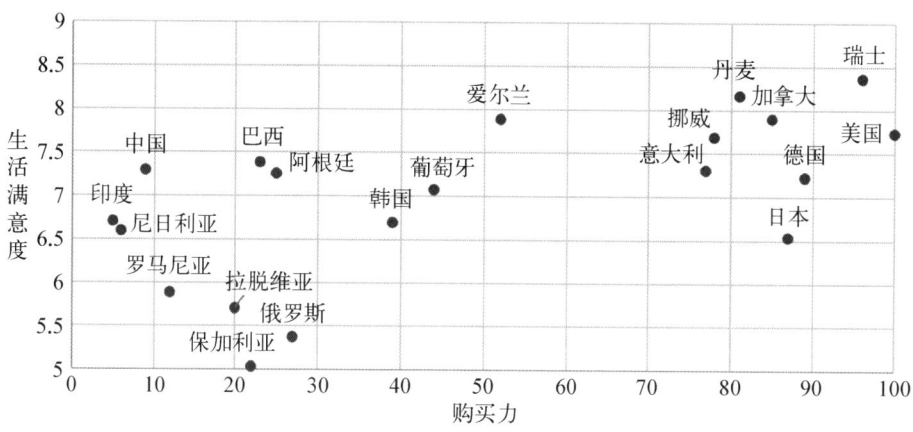

图 12-2　各国人民的购买力与生活满意度

资料来源:马丁·塞利格曼(2010)

研究结果发现,国民幸福水平较低的国家是保加利亚、俄罗斯和拉脱维亚,幸福水平较高的国家是瑞士、丹麦和加拿大等。对于购买力水平较高的国家来说,国民的幸福水平普遍较高。对于购买力水平较低的国家来说,中国、印度、巴西和阿根廷国民的幸福水平较高,而保加利亚、俄罗斯和拉脱维亚国民的幸福水平较低。

国家富裕程度与国民幸福水平的研究结果说明,国民幸福水平与国家富裕程度并非完全一致,并不是国家越富有,国民幸福水平就越高。来自购买力水平低的国家的国民同样可以拥有较高的幸福水平。

2. 科学实验:居民收入与幸福感

卡内曼和迪顿(Kahneman & Deaton,2010)研究了 1 000 名美国居民的收入与其幸福感的关系。他们将幸福感分为情绪幸福感(个体每天的情绪体验质量)和生活满意度(对生活的评价)。居民收入的评价指标是家庭年收入,情绪幸福感是对实验参与者前一天情绪体验的评价。情绪幸福感包括积极情绪（开心和愉悦），消极情绪（焦虑和悲伤）和压力。研究结果如图12-3所示。

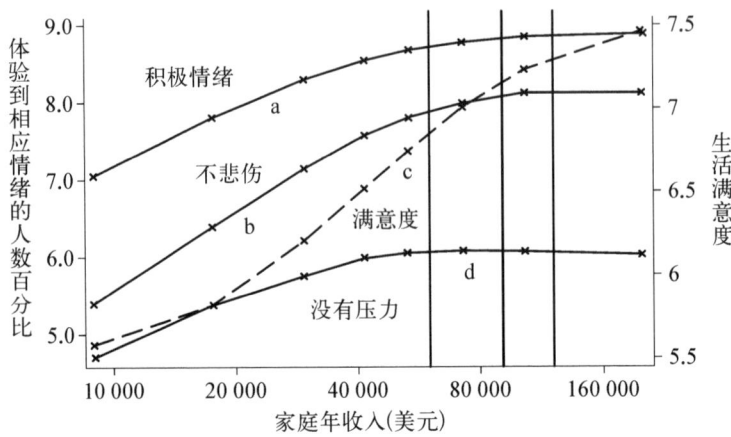

*线段a表示体验到积极情绪，线段b表示体验到不悲伤的情绪，线段c表示满意度，线段d表示没有压力。

图12-3 家庭年收入与幸福感的关系

资料来源：Kahneman & Deaton(2010)

研究结果发现，情绪幸福感与生活满意度之间存在不同的关联。居民生活满意度水平随着家庭年收入的增加而稳定提升，但当居民的家庭年收入超过75 000美元后，他们体验到的情绪幸福感则未发生显著的改变。

居民收入与幸福感的研究表明，居民收入的变化会对他们的情绪产生影响，较低的收入会导致消极情绪的产生，但更多的金钱并不一定会获得更多的快乐。当家庭年收入达到一定的稳定金额（75 000美元）后，收入对居民的情绪幸福感不再产生影响。

3. 科学实验：中国居民收入与幸福感

邢占军(2011)在中国6个省会城市对18周岁以上的城市常住居民进行抽样问卷调查，深入分析了中国居民收入与幸福感的关系。他将居民个人年收入由低到高分成10个等级，幸福感随个人年收入等级的变化趋势如图12-4所示。

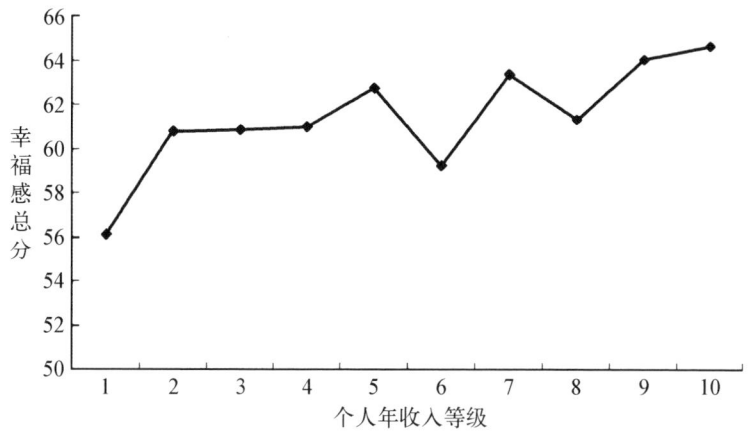

图 12-4　不同个人年收入等级幸福感总分的分布趋势

资料来源：邢占军（2011）

研究结果发现，居民的幸福感随着个人年收入等级的上升呈缓慢提升趋势。个人年收入第二等级（5 000—7 999 元）的居民幸福感显著高于个人年收入第一等级（4 999 元以下）的居民幸福感。当个人年收入在第五等级（12 000—14 999 元）到第八等级（21 000—29 999 元）之间时，随着个人年收入等级的增加，居民幸福感出现波动。从整体来看，中国居民幸福感与居民收入呈现一定的正相关，即随着居民收入的增加，幸福感也有所提升。

4. 科学实验：富裕与贫穷国家居民家庭收入与生活满意度

迪纳和小石（Diener & Oishi, 2000）比较了 9 个贫穷国家和 9 个富裕国家居民的家庭收入与生活满意度的关系。结果如图 12-5 所示。

研究发现，与富裕国家相比，家庭收入对贫穷国家居民的生活满意度具有更大的影响。来自贫穷国家的居民，生活满意度受家庭收入影响大，随着家庭收入的增加，居民的生活满意度逐步提升；来自富裕国家的居民，生活满意度受家庭收入影响较小，不同家庭收入居民的生活满意度相近，即便是来自低收入家庭的居民，他们的生活满意度也与来自高收入家庭的居民的生活满意度

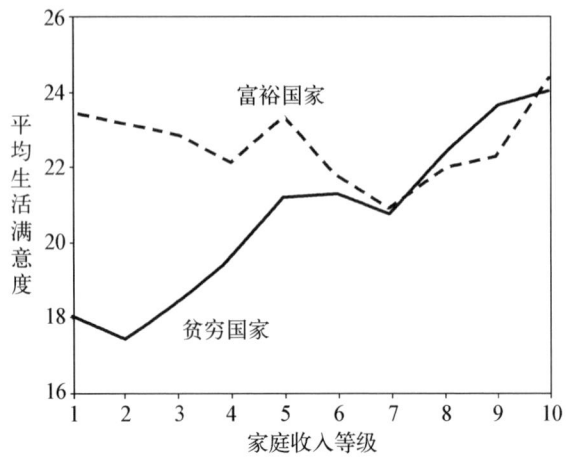

图 12-5　家庭收入与生活满意度的关系

资料来源：Diener & Oishi(2000)

持平。因此，对于家庭收入较低的居民来说，在经济发达的富裕国家生活会更容易，因为他们更可能获得源自社会的帮助和支持。

5. 科学实验：对金钱持有的态度与幸福感

研究者在探讨家庭收入与生活满意度的关系时发现，家庭收入高有助于获得快乐和幸福，但对金钱的欲望过大则会降低快乐体验。研究调查了两组人的生活满意度，他们分别是对金钱持有不重要和非常重要态度的群体，探讨人们对金钱的重视程度对家庭收入与生活满意度之间关系的影响。研究结果如图 12-6 所示。

在图 12-6 中，实线代表那些认为金钱不重要的群体，虚线代表那些认为金钱非常重要的群体。研究结果发现，在家庭收入的不同水平，认为金钱非常重要的物质主义者（更重视物质利益，忽视精神生活或他人感受）感到的生活满意度低于认为金钱不重要的人群，即与非物质主义者相比，物质主义者相对不快乐。随着家庭收入的增加，物质主义者的生活满意度水平提升，当达到最高的财富水平时，他们与非物质主义者的快乐程度相同。对于物质主义者来

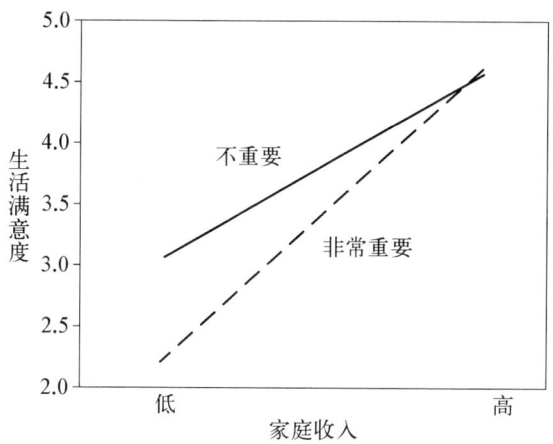

图 12-6 对金钱重视程度不同的人的生活满意度

资料来源:埃德·迪纳,罗伯特·迪纳(2010)

说,他们总会产生更加膨胀的欲望,总会有新的物质目标替代原有目标。只有当欲望小于收入的增速时,我们的快乐感才会提升。

通过上述一系列实验,我们很难简单地用"是"或"否"来回应金钱是否能带来幸福或快乐。研究发现,金钱与快乐之间存在关联,但两者之间不是简单的正比例关系,金钱能够使人获得短期且不多的快乐;与金钱本身相比,人对待金钱的态度及金钱的用途对幸福感有更大的影响。

6. 科学实验:快乐对未来收入的预测

迪纳等在20世纪70年代收集了大学生快乐程度的数据,对快乐程度最高和最低的大学生进行追踪,在20世纪90年代他们进入中年时调查他们的收入,旨在分析快乐对人们获得成功的影响。结果如图12-7所示。

研究发现,当年最不快乐的大学生年收入约为50 000美元,最快乐的大学生年收入约为65 000美元,后者比前者高。即使将他们的职业和父母收入差异等因素考虑进来,依然可以发现18岁时快乐的大学生,在步入中年后的年收入要高于不快乐的大学生。这说明快乐的人在工作时可能会有更好的表现,快乐还能有效转化为工作中的创造性,进而获得更多的职务晋升和加薪的

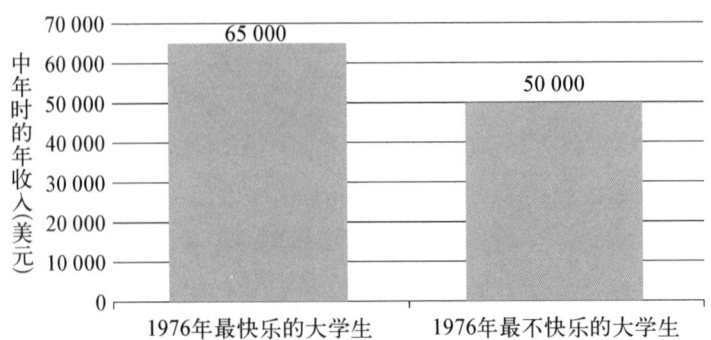

图 12-7　最快乐的大学生和最不快乐的大学生在中年时的年收入对比
资料来源：Diener, Nickerson, Lucas, & Sandvik(2002)

机会,实现收入的增长。

四、影响幸福感的因素

1. 遗传

心理学家的研究指出,遗传在一定程度上可以影响人们的幸福感。来自双生子的研究发现,来自不同社会阶层的双生子,他们的家庭收入、受教育程度和宗教信仰都不是决定幸福感的主要因素,很多对双生子都同时感到幸福或者同时、同样地经历着心理问题。此外,还有研究发现,在不同家庭环境中长大的同卵双生子的主观幸福感水平比生活在相同家庭环境中的异卵双生子的主观幸福感水平更为接近,且基因对积极情感、消极情感和生活满意度变异的解释力要大于相同家庭生活环境的解释力。

2. 年龄

以往研究结果表明,不同年龄段的个体心理幸福感也有所不同。卡罗尔·里夫(Carol Ryff)根据年龄将被试划分为三组：青年组(平均年龄为 19.53 岁),中年组(平均年龄为 49.85 岁),老年组(平均年龄为 74.96 岁)。研究发现,中年组在自主性上的得分高于青年组,生活目标上的得分高于老年组,同时,中年组和老年组对控制外部环境的效能感高于青年组,青年组和中年组在个人成长上的得分高于老年组(Ryff,1989)。大卫·布兰法罗(David Blanchflower)和安德鲁·奥斯瓦尔德(Andrew Oswald)在一项跨地区研究中发现,人们的生活满意度随着年龄增长呈 U 型曲线变化,在 35—50 岁之间的生活满意度最低,这可能正是所谓"中年危机"的体现(Blanchflower & Oswald,2008)。

3. 社会比较

根据社会比较理论(social comparison theory,SCT)的观点,幸福感是社会比较的结果,社会比较的方向和内容会影响比较的结果。社会比较的方向包括上行比较和下行比较,上行比较是指与某个方面强于或者高于自己的人进行比较,比如与受教育程度高于自己的人进行比较,而下行比较是指与某个方面弱于或者低于自己的人进行比较,比如与经济收入低于自己的人进行比较。黄婷婷等(2016)在研究中发现,年轻人的主观幸福感更容易受社会经济地位(经济状况,受教育程度和工作情况)比较的影响,而老年人的主观幸福感更容易受社会地位(受尊敬程度,被羡慕程度和拥有的影响力大小)比较的影响,但是相比于上行比较,下行比较可以使老年人和年轻人都获得幸福感的提升。正所谓:"他人骑大马,我独跨驴子。回顾担柴汉,心下较些子。"我们可以通过下行比较来提高自己的幸福体验。

4. 人格

大量研究表明,人格对幸福感具有显著的影响,甚至高于所经历的生活事件的影响。杰弗里·格雷(Jeffrey Gray)的人格理论认为,人脑中的行为激活系统和行为抑制系统导致人们对不同的奖惩信号敏感。行为激活系统对奖励和非惩罚信号敏感,使得人们基于奖励调节自身的行为;而行为抑制系统对惩罚和非奖励信号敏感,通过惩罚调节自身的行为。据此,有学者认为神经质(与该人格特质对应的是情绪稳定性,具有神经质的人情绪稳定性较差)较高的人有较多消极情感,而外倾性(外倾性高的人通常表现得自信、热情、充满活力以及擅长社交)高的人有较多积极情感。陈灿锐、高艳红和申荷永(2012)在元分析中发现,主观幸福感与外倾性存在正相关,与神经质和精神质存在负相关。

实践作业 12-1　汉堡模型

根据四类汉堡模型的特征,请你将一周内发生的事件对应地填在表12-4的汉堡模型记录表中。

表12-4　汉堡模型记录表

汉堡模型	事 件 记 录
幸福型—理想汉堡	
忙碌奔波型—素食汉堡	
虚无主义型—最差汉堡	
享乐主义型—垃圾汉堡	

拓展阅读

➢ 泰勒·本-沙哈尔,2013.幸福的方法[M].刘骏杰,译.北京:中信出版社.

作者从自身经验出发,介绍了四种类型的幸福,向读者阐释了不同类型的幸福的特点和作用,并告知读者平衡当下与未来是获得幸福的最佳途径。

➢ 马丁·塞利格曼,2012.持续的幸福[M].赵昱鲲,译.杭州:浙江人民出版社.

本书阐释了什么是幸福和建构幸福的具体方法。塞利格曼提出了幸福人生具备的五要素,即积极情绪、投入、人际关联、意义和成就。

➢ 埃德·迪纳,罗伯特·迪纳,2010.改变人生的快乐实验[M].江舒,译.北京:中国人民大学出版社.

快乐已是全球共同追求和向往的主题。本书介绍了与快乐相关的实验,揭示了快乐的真相,并通过科学的结果证明了快乐给人带来的益处。

思考题

1. 幸福来自哪里?
2. 怎样获得更长久的幸福?
3. 幸福有何用处?
4. 幸福感是先天的还是后天的?
5. 金钱对幸福有何影响?
6. 什么样的人更容易感到幸福或不幸?
7. 如何对人们的幸福观进行分类?你的幸福观是哪一种?
8. 如何帮助人们提升幸福感?

参考文献

中文部分

埃德·迪纳,罗伯特·迪纳,2010. 改变人生的快乐实验[M]. 江舒,译. 北京:中国人民大学出版社.

艾里希·弗洛姆,2018. 爱的艺术[M]. 刘福堂,译. 上海:上海译文出版社.

芭芭拉·弗雷德里克森,2014. 爱的方法[M]. 萧潇,译. 北京:中信出版社.

芭芭拉·弗雷德里克森,2010. 积极情绪的力量[M]. 王珺,译. 北京:中国人民大学出版社.

班杜拉,2018. 思想和行动的社会基础:社会认知论[M]. 林颖,译. 上海:华东师范大学出版社.

岑国桢,1998. 从公正到关爱、宽恕——道德心理研究三主题略述[J]. 心理科学,21(2):163-166.

陈灿锐,高艳红,申荷永,2012. 主观幸福感与大三人格特征相关研究的元分析[J]. 心理科学进展,20(1):19-26.

陈灿锐,申荷永,李淅琮,2009. 成人素质希望量表的信效度检验[J]. 中国临床心理学杂志,17(1):24-26.

陈陈,燕婷,林崇德,2013. 大学生完美主义、自尊与学业拖延的关系[J]. 心理发展与教育,29(4):368-377.

陈浩彬,汪凤炎,2013. 智慧:结构、类型、测量及与相关变量的关系[J]. 心理科学进展,21(1):108-117.

陈香,张日昇,2011.俄狄甫斯情结与古典精神分析诸理论关系探微[J].齐鲁学刊,(2):79-82.

陈雪莲,2009.自尊研究的三种理论取向.教育研究与实验[J].(6):75-80.

崔楠楠,2014.初中生强化敏感性与学校适应的关系研究[D].长春:东北师范大学.

董蕊,张力为,彭凯平,喻丰,柴方圆,2013.自我损耗研究方法述评[J].心理科学,36(4):994-997.

傅宏,2004.宽恕理论在心理学治疗领域中的整合发展趋势[J].教育研究与实验,(3):54-59.

傅宏,2003.宽恕心理学:理论蕴涵与发展前瞻[J].南京师大学报(社会科学版),(6):92-97.

盖笑松,闫津廷,谢燕萍,邓梦蕙,徐楠楠,刘晓东,2013.高质量课外活动的特征分析[J].现代教育科学,(2):145-147,136.

盖笑松,2017.当代心理科学理论精华[M].长春:东北师范大学出版社.

盖笑松,2013.青少年积极品质的发展规律与培养途径[J].人民教育,(2):9-12.

高伟娟,2005.对控制感的心理学理解——控制感研究述评[D].长春:吉林大学.

高晓文,盛慧,2014.教师的"言"和"行"如何支持自主探究性学习[J].教师教育研究,26(4):81-86.

郭小艳,王振宏,2007.积极情绪的概念、功能与意义[J].心理科学进展,(5):810-815.

郭昫澄,郭永玉,2012.社会情境中的控制感[J].心理科学进展,20(11):1860-1868.

何宁,谷渊博,2012.自恋与决策的研究现状及展望[J].心理科学进展,20(7):1089-1097.

胡月琴,甘怡群,2008.青少年心理韧性量表的编制和效度验证[J].心理学报,(8):902-912.

黄婷婷,刘莉倩,王大华,张文海,2016.经济地位和计量地位:社会地位比较对主观幸福感的影响及其年龄差异[J].心理学报,48(9):1163-1174.

霍利婷,2008.阿德勒个体心理学对家庭教育的启示[J].基础教育,(8):60-62.

贾高鼎,曾明,王爱平,杨子京,2016.父母教养方式对儿童自尊的独特贡献:儿童气质的调节[J].中国临床心理学杂志,24(3):535-539,543.

姜红梅,于红军,2015.大学生自恋人格、社会适应和自尊关系研究[J].黑龙江高教研究,(7):136-139.

金莹,卢宁,2012.自尊异质性研究进展[J].中国临床心理学杂志,20(5):717-722.

卡罗尔·德韦克,2017.终身成长:重新定义成功的思维模式[M].楚祎楠,译.南昌:江西人民出版社.

李朝旭,1996.斯腾伯格爱情的三角形理论述评[J].广州师院学报(社会科学版),(3):57-62.

李抗,杨文登,2015.从归因疗法到内隐理念:德韦克的心理学理论体系及影响[J].心理科学进展,23(4):621-631.

李仁山,2011.大学生自我宽恕、应对方式与睡眠质量的关系研究[D].福建:福建师范大学.

李涛,于涛,2015.影响教师自主支持行为的因素[J].长春教育学院学报,31(15):107-108.

李兆良,2009.国外关于宽恕的心理学研究述评[J].医学与社会,22(3):62-65.

刘孟超,黄希庭,2013.希望:心理学的研究述评[J].心理科学进展,21(3):548-560.

刘翔平,2018.积极心理学(第2版)[M].北京:中国人民大学出版社.

陆可心,王旭,李虹,2019.恐惧管理中死亡焦虑不同防御机制之间的关系[J].心理科学进展,27(2):344-356.

陆文春,2008.大学生乐观问卷的初步编制[D].重庆:西南大学.

罗春明,黄希庭,2004.宽恕的心理学研究[J].心理科学进展,(6):908-915.

马丁·塞利格曼,2012.持续的幸福[M].赵昱鲲,译.杭州:浙江人民出版社.

马丁·塞利格曼,2010.真实的幸福[M].洪兰,译.沈阳:万卷出版公司.

米哈里·契克森米哈赖,2011.专注的快乐:我们如何投入地活[M].陈秀娟,译.北京:中信出版社.

米哈里·契克森米哈赖,2017.心流:最优体验心理学[M].张定绮,译.北京:中信出版社.

彭芹芳,李晓文,2004.Dweck成就目标取向理论的发展及其展望[J].心理科学进展,12(3):409-415.

乔建中,王云强,2002.情绪状态与身体健康研究的新进展[J].中国心理卫生杂志,(10):704-706,698.

申自力,蔡太生,2008.Rosenberg自尊量表中文版条目的处理[J].中国心理卫生杂志,22(9),661-663.

斯蒂芬·海斯,柯克·斯特罗瑟,凯利·威尔森,2016.接纳承诺疗法(ACT):正念改变之道[M].祝卓宏,译.北京:知识产权出版社.

斯奈德,沙恩·洛佩斯,2013.积极心理学:探索人类优势的科学与实践[M].王彦,席居哲,王艳梅,译.北京:人民邮电出版社.

孙灯勇,郑佳,2009.自恋人格的结构、形成机制及相关研究[J].华中农业大学学报(社会科学版),(5):32-37.

孙蕾,王苏,盖笑松,2016.积极养育的理论研究与教育启示[J].东北师大学报(哲学社会科学版),(5):213-217.

泰勒·本-沙哈尔,2013.幸福的方法[M].刘骏杰,译.北京:中信出版社.

唐本钰,张承芬,2006.自我理论研究及其对教育的启示[J].心理学探新,(2):88-89.

唐辉一,丘霞,陈媛,汪祚军,2014.大学生完美主义现状及其对孤独感的影响-自尊的中介作用[J].中国健康心理学杂志,22(10):1577-1579.

唐芹,方晓义,胡伟,陈海德,关梦希,王帆,2013.父母和教师自主支持与高中生发展的关系[J].心理发展与教育,29(6):604-615.

田录梅,2006.Rosenberg(1965)自尊量表中文版的美中不足[J].心理学探新,98(2):88-91.

汪向东,王希林,马弘,1999.心理卫生评定量表手册(增订版)[M].北京:中国心理卫生杂志社.

王娟,2006.中国人爱情的心理结构及其影响因素[D].武汉:华中师范大学.

王伟,雷雳,王兴超,2016.大学生主动性人格对学业成绩的影响:学业自我效能感和学习适应的中介作用[J].心理发展与教育,(5):579-586.

王振宏,郭德俊,2003.Gross情绪调节过程与策略研究述评[J].心理科学进展,(6):629-634.

维克多·弗兰克尔,2018.活出生命的意义[M].吕娜,译.北京:华夏出版社.

魏运华,1999.父母教养方式对少年儿童自尊发展影响的研究[J].心理发展与教育,(3):7-11.

魏运华,1998.学校因素对少年儿童自尊发展影响的研究[J].心理发展与教育,(2):12-16.

沃尔特·米歇尔,2016.棉花糖实验:自控力养成圣经[M].任俊,闫欢,译.北京:北京联合出版公司.

邢占军,2011.我国居民收入与幸福感关系的研究[J].社会学研究,25(1):196-219.

杨沈龙,郭永玉,李静,白洁,2013.控制还是适应:次级控制研究的两种取向[J].心理科学进展,21(5):857-866.

杨秀娟,周宗奎,刘庆奇,牛更帆,2017.自恋与社交网站使用的关系[J].心理科学进展,25(9):1552-1564.

杨雪,宫火良,2010.可能自我:相关研究及应用[J].心理科学进展,18(10):1548-1553.

杨洋,2012.爱情构念研究述评[J].兰州学刊,(7):222-224.

杨烨,王登峰,2007.Rosenberg自尊量表因素结构的再验证[J].中国心理卫生杂志,21(9):603-605,609.

余震坤,刘云芝,罗宇,蔡华俭,2019.区分适应性自恋和非适应性自恋:多视角的证据[J].心理科学进展,27(1):96-105.

袁冬华,李晓东,2012.自我损耗对工作记忆的影响及其克服[J].心理科学,35(3):608-613.

翟成,盖笑松,焦小燕,于博充,2016.正念训练中的认知转变机制[J].东北师大学报(哲学社会科学版),(2):182-187.

张婵,2013.青少年积极品质的成分、测量及其作用[D].长春:东北师范大学.

张林,曹华英,2011.社会计量器理论的研究进展:社交接纳/拒绝与自尊的关系[J].心理科学,34(5):1163-1166.

张林,李元元,2009.自尊社会计量器理论的研究述评[J].心理科学进展,17(4):852-856.

张林,杨晓慧,2011.追求高自尊的获益与代价之争——自尊的权变性[J].西北师大学报(社会科学版),48(4):91-95.

张林,2004.青少年自尊结构、发展特点及其影响因素的研究[D].长春:东北师范大学.

张向葵,张林,赵义泉,2004.关于自尊结构模型的理论建构[J].心理科学,27(4):791-795.

张阳阳,佐斌,2006.自尊的恐惧管理理论研究述评[J].心理科学进展,(2):273-280.

张耀华,刘聪慧,董研,2010. 自我观的新形式:有关自悯的研究论述[J]. 心理科学进展,18(12):1872-1881.

张于,2009. 爱情心理及其与人际关系满意感、主观幸福感的关系[D]. 武汉:华中师范大学.

赵静,张海钟,2007. 自恋研究进展[J]. 精神医学杂志,(1):52-57.

周静,谢天,2019. 物质主义者自我概念的特点和相关理论[J]. 心理科学进展,27(5):914-925.

庄子,2016. 庄子[M]. 孙通海,译注. 北京:中华书局.

宗培,白晋荣,2009. 宽恕干预研究述评——宽恕在心理治疗中的作用[J]. 心理科学进展,17(5):1010-1015.

外文部分

Ajzen, I. (1991). The theory of planned behavior. *Organizational Behavior and Human Decision Processes*, 50(2), 179-211.

Amabile, T. M., Schatzel, E. A., Moneta, G. B., & Kramer, S. J. (2004). Leader behaviors and the work environment for creativity: Perceived leader support. *Leadership Quarterly*, 15(1), 5-32.

Armitage, C. J., & Conner, M. (2001). Efficacy of the theory of planned behaviour: A meta-analytic review. *British Journal of Social Psychology*, 40(4), 471-499.

Baltes, P. B. (1997). On the incomplete architecture of human ontogeny: Selection, optimization, and compensation as foundation of developmental theory. *American Psychologist*, 52(4), 366-380.

Baltes, P. B. (1999). On the incomplete architecture of human ontogenesis. *Zeitschrift fur Gerontologie und Geriatrie*, 32(6), 433-448.

Bandura, A. (1978). The self system in reciprocal determinism. *American*

Psychologist, *33*(4), 344–358.

Bandura, A. (1989). Human agency in social cognitive theory. *American Psychologist*, *44*(9), 1175.

Bandura, A. (1991). Social cognitive theory of self-regulation. *Organizational Behavior and Human Decision Processes*, *50*(2), 248–287.

Bateman, T. S., & Crant, J. M. (1993). The proactive component of organizational behavior: A measure and correlates. *Journal of Organizational Behavior*, *14*(2), 103–118.

Baumeister, R. F. (1991). *Escaping the self: Alcoholism, spirituality, masochism, and other flights from the burden of selfhood*. New York, NY: Basic Books.

Baumeister, R. F., Bratslavsky, E., Finkenauer, C., & Vohs, K. D. (2001). Bad is stronger than good. *Review of General Psychology*, *5*(4), 323–370.

Baumeister, R. F., Bratslavsky, E., Muraven, M., & Tice, D. M. (1998). Ego depletion: Is the active self a limited resource? *Journal of Personality and Social Psychology*, *74*(5), 1252–1265.

Benson, P. L. (1993). *The troubled journey: A portrait of 6th–12th grade youth*. Minneapolis, MN: Search Institute.

Benson, P. L. (2006). *All kids are our kids: What communities must do to raise caring and responsible children and adolescents (2nd ed)*. San Francisco: Jossey-Bass.

Blanchflower, D. G., & Oswald, A. J. (2008). Hypertension and happiness across nations. *Journal of Health Economics*, *27*(2), 218–233.

Bono, G., & McCullough, M. E. (2006). Positive responses to benefit and harm: Bring forgiveness and gratitude into cognitive psychotherapy.

Journal of Cognitive Psychotherapy: An International Quarterly, *20*(2), 147–158.

Bono, G., Emmons, R. A., & McCullough, M. E. (2004). Gratitude in practice and the practice of gratitude. In Linley, P. A., & Joseph, S. (Eds.), *Positive Psychology in Practice* (pp. 464–481). Hoboken, NJ: John Wiley & Sons Inc.

Bronk, K. C., Hill, P. L., Lapsley, D. K., Talib, T. L., & Finch, H. (2009). Purpose, hope, and life satisfaction in three age groups. *Journal of Positive Psychology*, *4*(6), 500–510.

Burrow, A. L., & Hill, P. L. (2011). Purpose as a form of identity capital for positive youth adjustment. *Developmental Psychology*, *47*(4), 1196–1206.

Buss, D. M. (2015). *The Handbook of Evolutionary Psychology*. Oxford handbook of evolutionary psychology. Chichester, UK: John Wiley & Sons Inc.

Butler, J., & Kern, M. L. (2016). The PERMA-Profiler: A brief multidimensional measure of flourishing. *International Journal of Wellbeing*, *6*(3), 1–48.

Campbell, D. J. (2000). The proactive employee: Managing workplace initiative. *Academy of Management Executive*, *14*(3), 52–65.

Carson, J. W., Keefe, F. J., Lynch, T. R., Carson, K. M., Goli, V., Fras, A. M., & Thorp, S. R. (2005). Loving-kindness meditation for chronic low back pain: Results from a pilot trial. *Journal of Holistic Nursing*, *23*(3), 287–304.

Chen, Y. H., Thompson, M. S., Kromrey, J. D., & Chang, G. H. (2011). Relations of student perceptions of teacher oral feedback with teacher expectancies and student self-concept. *The Journal of Experimental Education*, 79(4), 452–477.

Collins, R. L. (1996). For better or worse: The impact of upward social comparison on self-evaluations. *Psychological Bulletin*, 119(1), 51–69.

Crant, J. M., & Bateman, T. S. (2000). Charismatic leadership viewed from above: The impact of proactive personality. *Journal of Organizational Behavior*, 21(1), 63–75.

Crocker, J., & Knight, K. M. (2005). Contingencies of self-worth. *Current Directions in Psychological Science*, 14(4), 200–203.

Crocker, J., & Park, L. E. (2004). The costly pursuit of self-esteem. *Psychological Bulletin*, 130(3), 392–414.

Crocker, J., Luhtanen, R. K., Cooper, M. L., & Bouvrette, A. (2003). Contingencies of self-worth in college students: Theory and measurement. *Journal of Personality and Social Psychology*, 85(5), 894–908.

Crocker, J., Sommers, S. R., & Luhtanen, R. K. (2002). Hopes dashed and dreams fulfilled: Contingencies of self-worth and admissions to graduate school. *Personality and Social Psychology Bulletin*, 28(9), 1275–1286.

Csikszentmihalyi, M., & Larson, R. (1987). Validity and reliability of the experience-sampling method. *The Journal of Nervous and Mental Disease*, 175(9), 526–536.

Csikszentmihalyi, M., Larson, R., & Prescott, S. (1977). The ecology of adolescent activity and experience. *Journal of Youth and Adolescence*, 6(3), 281–294.

Csikszentmihalyi, M., & LeFevre, J. (1989). Optimal experience in work and leisure. *Journal of Personality and Social Psychology*, *56*(9), 815–822.

Dahlsgaard, K., Peterson, C., &, Seligman, M. E. P. (2005). Shared virtue: The convergence of valued human strengths across culture and history. *Review of General Psychology*, *9*(3), 203–213.

Damon, W. (2004). What is positive youth development? *Annals of the American Academy of Political and Social Science*, *591*(1), 13–24.

Danner, D. D., Snowdon, D. A., & Friesen, W. V. (2001). Positive emotions in early life and longevity: Findings from the nun study. *Journal of Personality and Social Psychology*, *80*(5), 804–813.

Dechesne, M., Pyszczynski, T., Arndt, J., Ransom, S., Sheldon, K. M., Van Knippenberg, A., et al. (2003). Literal and symbolic immortality: The effect of evidence of literal immortality on self-esteem striving in response to mortality salience. *Journal of Personality and Social Psychology*, *84*(4), 722–737.

Deci, E. L., Eghrari, H., Patrick, B. C., & Leone, D. R. (1994). Facilitating internalization: The self-determination theory perspective. *Journal of Personality*, *62*(1), 119–142.

Diener, E., & Biswas-Diener, R. (2002). Will money increase subjective well-being? *Social Indicators Research*, *57*(2), 119–169.

Diener, E., & Oishi, S. (2000). Money and happiness: Income and subjective well-being across nations. In E. Diener & E. M. Suh (Eds.), *Culture and Subjective Well-being* (pp. 185–218). Cambridge, MA, US: The MIT Press.

Diener, E., Horwitz, J., & Emmons, R. A. (1985). Happiness of the very wealthy. *Social Indicators Research*, 16(3), 263–274.

Diener, E., Nickerson, C., Lucas, R. E., & Sandvik, E. (2002). Dispositional affect and job outcomes. *Social Indicators Research*, 59(3), 229–259.

Diener, E., Oishi, S., & Tay, L. (2018). Advances in subjective well-being research. *Nature Human Behaviour*, 2(4), 253–260.

Dillon, K. M., Minchoff, B., & Baker, K. H. (1985). Positive emotional states and enhancement of the immune system. *The International Journal of Psychiatry in Medicine*, 15(1), 13–18.

Donnelly, G. E., Ksendzova, M., Howell, R. T., Vohs, K. D., & Baumeister, R. F. (2016). Buying to blunt negative feelings: Materialistic escape from the self. *Review of General Psychology*, 20(3), 272–316.

Dweck, C. S., & Leggett, E. L. (1988). A social-cognitive approach to motivation and personality. *Psychological Review*, 95(2), 256-273.

Dweck, C. S. (1986). Motivational processes affecting learning. *American Psychologist*, 41(10), 1040-1048.

Dworkin, J. B., Larson, R., & Hansen, D. (2003). Adolescents' accounts of growth experiences in youth activities. *Journal of Youth and Adolescence*, 32(1), 17–26.

Enright, R. D. (2001). *Forgiveness is a choice*. Washington, DC: American Psychological Association.

Enright, R. D., Gassin, E. A., & Wu, C. R. (1992). Forgiveness: A developmental view. *Journal of Moral Education*, 21(2), 99–114.

Festinger, L. (1954). A theory of social comparison processes. *Human Relations*, 7(2), 117–140.

Field, T. , Diego, M. , & Hernandez-Reif, M. (2010). Tai chi/yoga effects on anxiety, heartrate, eeg and math computations. *Complementary Therapies in Clinical Practice*, *16*(4), 235-238.

Flink, C. , Boggiano, A. K. , & Barrett, M. (1990). Controlling teaching strategies: Undermining children's self-determination and performance. *Journal of Personality and Social Psychology*, *59*(5), 916-924.

Frazier, P. , Tennen, H. , Gavian, M. , Park, C. , Tomich, P. , & Tashiro, T. (2009). Does self-reported posttraumatic growth reflect genuine positive change? *Psychological Science*, *20*(7), 912-919.

Fredrickson, B. (2001). The role of positive emotions in positive psychology: The broaden-and-build theory of positive emotions. *American Psychologist*, *56*(3), 218-226.

Fredrickson, B. , & Branigan, C. (2005). Positive emotions broaden the scope of attention and thought-action repertoires. *Cognition and Emotion*, *19*(3), 313-332.

Fredrickson, B. , Cohn, M. A. , Coffey, K. A. , Pek, J. , & Finkel, S. M. (2008). Open hearts build lives: Positive emotions, induced through loving-kindness meditation, build consequential personal resources. *Journal of Personality and Social Psychology*, *95*(5), 1045-1062.

Fredrickson, B. , & Levenson, R. W. (1998). Positive emotions speed recovery from the cardiovascular sequelae of negative emotions. *Cognition and Emotion*, *12*(2), 191-220.

Fredrickson, B. , & Losada, M. F. (2005). Positive affect and the complex dynamics of human flourishing. *American Psychologist*, *60*(7), 678-686.

Fredrickson, B. , & Roberts, T. (1997). Objectification theory: Towards understanding women's lived experiences and mental health risks. *Psychology of Women Quarterly*, *21*(2), 173–206.

Frese, M., Kring, W., Soose, A., & Zempel, J. (1996). Personal initiative at work: Differences between east and west Germany. *Academy of Management Journal*, *39*(1), 37–63.

Freund, A. M., & Baltes, P. B. (2002). Life-management strategies of selection, optimization and compensation: Measurement by self-report and construct validity. *Journal of Personality and Social Psychology*, *82*(4), 642–662.

Fulmer, C. A., Gelfand, M. J., Kruglanski, A. W., Kim-Prieto, C., Diener, E., Pierro, A., & Higgins, H. T. (2010). On "feeling right" in cultural contexts: How person-culture match affects self-esteem and subjective well-being. *Psychological Science*, *21*(11), 1563–1569.

Gailliot, M. T., & Baumeister, R. F. (2007). The physiology of willpower: Linking blood glucose to self-control. *Personality and Social Psychology Review*, *11*(4), 303–327.

Gailliot, M. T., Baumeister, R. F., Dewall, C. N., Maner, J. K., Plant, E. A., Tice, D. M., et al. (2007). Self-control relies on glucose as a limited energy source: Willpower is more than a metaphor. *Journal of Personality and Social Psychology*, *92*(2), 325–336.

Garmezy, N., Masten, A. S., & Tellegen, A. (1984). The study of stress and competence in children: A building block for developmental psychopathology. *Child Development*, *55*(1), 97–111.

Gibbons, F. X., Blanton, H., Gerrard, M., Buunk, B., & Eggleston, T. (2000). Does social comparison make a difference? Optimism as a moderator of the relation between comparison level and academic performance. *Personality and Social Psychology Bulletin*, 26(5), 637–648.

Gollwitzer, P. M. (1999). Implementation intentions: Strong effects of simple plans. *American Psychologist*, 54(7), 493–503.

Gollwitzer, P. M., & Sheeran, P. (2006). Implementation intentions and goal achievement: A meta-analysis of effects and processes. *Advances in Experimental Social Psychology*, 38, 69–119.

Gray, J. A., & McNaughton, N. (2000). *The neuropsychology of anxiety: An enquiry into the functions of the septo-hippocampal system* (2nd ed.). Oxford: Oxford University Press.

Gross, J. J. (1998). The emerging field of emotion regulation: Integrative review. *Review of General Psychologyc*, 2(3), 271–299.

Gross, J. J. (2002). Emotion regulation: Affective, cognitive, and social consequences. *Psychophysiology*, 39(3), 281–291.

Grzegorek, J. L., Slaney, R. B., Franze, S., & Rice, K. G. (2004). Self-criticism, dependency, self-esteem, and grade point average satisfaction among clusters of perfectionists and nonperfectionists. *Journal of Counseling Psychology*, 51(2), 192–200.

Hall, J. H., & Fincham, F. D. (2008). The temporal course of self-forgiveness research. *Journal of Social and Clinical Psychology*, 27(2), 174–202.

Harzer, C., & Ruch, W. (2012). When the job is a calling: The role of applying one's signature strengths at work. *Journal of Positive Psychology*, 7(5), 362–371.

Heckhausen, J., Wrosch, C., & Schulz, R. (2010). A motivational theory of life-span development. *Psychological Review*, 117(1), 32–60.

Hertenstein, M. J., Hansel, C. A., Butts, A. M., & Hile, S. N. (2009). Smile intensity in photographs predicts divorce later in life. *Motivation and Emotion*, 33(2), 99–105.

Hunter, A. J., & Chandler, J. E. (1999). Adolescent resilience. *Image: Journal of Nursing Scholarship*, 31(3), 243–247.

James, W. (1980). *The principles of psychology*. Cambridge, MA: Harvard University Press.

Kahneman, D., & Deaton, A. (2010). High income improves evaluation of life but not emotional well-being. *Proceedings of the National Academy of Sciences*, 107(38), 16489–16493.

Keefe, K., & Berndt, T. J. (1996). Relations of friendship quality to self-esteem in early adolescence. *Journal of Early Adolescence*, 16(1), 110–129.

Kernis, M. H. (2003). Toward a conceptualization of optimal self-esteem. *Psychological Inquiry*, 14(1), 1–26.

Keyes, C. L. M., & Lopez, S. J. (2002). Toward a science of mental health: Positive directions in diagnosis and interventions. In Snyder & Lopez (Eds.), *The Handbook of Positive Psychology* (pp. 45–59). New York: Oxford University Press.

Knox, M., Funk, J., Elliott, R., & Bush, E. G. (1998). Adolescents' possible selves and their relationship to global self-esteem. *Sex Roles*, 39(1–2), 61–80.

Kraus, S., & Sears, S. (2009). Measuring the immeasurables: Development and initial validation of the Self-Other Four Immeasurables (SOFI) scale based on Buddhist teachings on loving kindness, compassion, joy, and equanimity. *Social Indicators*

Research, 92(1), 169-181.

Kumpfer, K. (1999). Factors and processes contributing to resilience: The resilience framework. In M. D. Glantz & J. L. Johnson (Eds.), *Resilience and development: Positive life adaptations* (pp. 179-224). Dordrecht: Kluwer Academic Publishers.

Labott, S. M., & Martin, R. B. (1990). Emotional coping, age, and physical disorder. *Behavioral Medicine*, 16(2), 53-61.

Landry, R., Whipple, N., Mageau, G., et al. (2008). Trust in organismic development, autonomy support, and adaptation among mothers and their children. *Motivation and Emotion*, 32(3), 173-188.

Larson, R. W. (2000). Toward a psychology of positive youth development. *American Psychologist*, 55(1), 170-183.

Leary, M. R. (2003). Commentary on self-esteem as an interpersonal monitor: The sociometer hypothesis. *Psychological Inquiry*, 14(3-4), 270-274.

Leffert, N., Benson, P. L., Scales, P. C., Sharma, A. R., Drake, D. R., & Blyth, D. A. (1998). Developmental assets: Measurement and prediction of risk behaviors among adolescents. *Applied Developmental Science*, 2(4), 209-230.

Lerner, R. M., Lerner, J. V., Almerigi, J. B., Theokas, C., Almerigi, J, B. et al. (2005). Positive youth development, participation in community youth development programs, and community contributions of fifth-grade adolescents: Findings from the first wave of the 4-H study of positive youth development. *Journal of Early Adolescence*, 25(1), 17-71.

Li, N., Liang, J., & Crant, J. M. (2010). The role of proactive personality in job satisfaction and organizational citizenship behavior: A relational perspective. *The Journal of Applied Psychology*, 95(2), 395–404.

Lockwood, P. (2002). Could it happen to you? Predicting the impact of downward comparisons on the self. *Journal of Personality and Social Psychology*, 82(3), 343–358.

Lockwood, P., & Kunda, Z. (1999). Increasing the salience of one's best selves can undermine inspiration by outstanding role models. *Journal of Personality and Social Psychology*, 76(2), 214–228.

Lucas, R. E., & Diener, E. (2001). Understanding extraverts' enjoyment of social situations: The importance of pleasantness. *Journal of Personality and Social Psychology*, 81(2), 343–356.

Luthar, S. S., Cicchetti, D., & Becker, B. (2000). The construct of resilience: A critical evaluation and guidelines for future work. *Child Development*, 71(3), 543–562.

Lykken, D., & Tellegen, A. (1996). Happiness is a stochastic phenomenon. *Psychological Science*, 7(3), 186–189.

Major, D. A., Turner, J. E., & Fletcher, T. D. (2006). Linking proactive personality and the Big Five to motivation to learn and development activity. *Journal of Applied Psychology*, 91(4), 927–935.

Mandleco, B. L., & Peery, J. C. (2000). An organizational framework for conceptualizing resilience in children. *Journal of Child and Adolescent Psychiatric Nursing*, 13(3), 99–112.

Markus, H., & Nurius, P. (1986). Possible Selves. *American Psychologist*, 41(9), 954–969.

Martin-Krumm, C. P., Sarrazin, P. G., Peterson, C., & Famose, J. P. (2003). Explanatory style and resilience after sports failure. *Personality and Individual Differences*, 35(7), 1685–1695.

Martinson, F. M. (1955). Ego deficiency as a factor in marriage. *American Sociological Review*, 20(2), 161–164.

Masten, A. S., Best, K. M., & Norman, G. (1990). Resilience and development: Contributions from the study of children who overcome adversity. *Development and Psychopathology*, 2(4), 425–444.

Mauger, P. A., Perry, J. E., Freeman, T., & Grove, D. C. (1992). The measurement of forgiveness: Preliminary research. *Journal of Psychology and Christianity*, 11(12), 170–180.

McCullough, M. E., Emmons, R. A., & Tsang, J. (2002). The Grateful Disposition: A Conceptual and Empirical Topography. *Journal of Personality and Social Psychology*, 82(1), 112–127.

McFarlin, D. B. (1985). Persistence in the face of failure: The impact of self-esteem and contingency information. *Personality and Social Psychology Bulletin*, 11(2), 153–163.

Mckay, K. M., Hill, M. S., Freedman, S. R., & Enright, R. D. (2007). Towards a feminist empowerment model of forgiveness psychotherapy. *Psychotherapy: Theory, Research, Practice, Training*, 44(1), 14–29.

Moneta, G. B., & Csikszentmihalyi, M. (1996). The effect of perceived challenges and skills on the quality of subjective experience. *Journal of Personality*, 64(2), 275–310.

Muraven, M. (2010). Practicing self-control lowers the risk of smoking lapse. *Psychology of Addictive Behaviors*, 24(3), 446–452.

Neff, K. (2003). Self-compassion: An alternative conceptualization of a healthy attitude toward oneself. *Self and Identity*, *2*(2), 85–101.

Norman, C. C., & Aron, A. (2003). Aspects of possible self that predict motivation to achieve or avoid it. *Journal of Experimental Social Psychology*, *39*(5), 500–507.

Oettingen, G. (2012). Future thought and behaviour change. *European Review of Social Psychology*, *23*(1), 1–63.

Oettingen, G., & Schwörer, B. (2013). Mind wandering via mental contrasting as a tool for behavior change. *Frontiers in Psychology*, *4*, 562.

Oettingen, G., Mayer, D., & Portnow, S. (2016). Pleasure Now, Pain Later: Positive Fantasies About the Future Predict Symptoms of Depression. *Psychological Science*, *27*(3), 345–353.

Oettingen, G., Schnetter, K., & Pak, H. J. (2001). Self-regulation of goal-setting: Turning free fantasies about the future into binding goals. *Journal of Personality and Social Psychology*, *80*(5), 736–753.

Oyserman, D., & James, L. (2009). Possible selves: From content to process. In K. D. Markman, W. M. P. Klein, & J. A. Suhr (Eds.), *The Handbook of Imagination and Mental Stimulation* (pp. 373–394). Hove, UK: Psychology Press.

Park, N., Peterson, C., & Seligman, M. (2004). Strengths of character and well-being. *Journal of Social and Clinical Psychology*, *23*(5), 603–619.

Park, Y. O., & Enright, R. D. (1997). The development of forgiveness in the context of adolescent friendship conflict in korea. *Journal of Adolescence*, *20*(4), 393–402.

Patrick, H., Neighbors, C., & Knee, C. R. (2004). Appearance-related social comparisons: The role of contingent self-esteem and self-perceptions of attractiveness. *Personality and Social Psychology Bulletin*, *30*(4), 501-514.

Patrick. H., Neighbors. C., & Knee. C. R. (2004). Appearance-related social comparisons: The role of contingent self-esteem and self-perceptions of attractiveness. *Personality and Social Psychology Bulletin*, *30*(4), 501-514.

Peele, S. (1975). *Love and addiction*. New York: Taplinger.

Peter Benson. (2006). *All kids are our kids: What communities must do to raise caring and responsible children and adolescents* (2nd ed). San Francisco: Jossey-Bass.

Peterson, C. (1988). Explanatory style as a risk factor for illness. *Cognitive Therapy and Research*, *12*(2), 119-132.

Peterson, C., & Seligman, M. (2004). *Character strengths and virtues: A handbook of classification*. Washington, DC: American Psychological Association.

Pickering, A. D., Corr, P. J., & Gray, J. A. (1999). Interactions and reinforcement sensitivity theory: A theoretical analysis of Rusting and Larsen. *Personality and Individual Differences*, *26*(2), 357-365.

Powell, B. M., & Maoz, I. (2014). Barriers to conflict resolution in landscapes of asymmetric conflict: Current issues and future directions. *Dynamics of Asymmetric Conflict*, *7*(2-3), 226-235.

Pressman, S. D., & Cohen, S. (2005). Does positive affect influence health? *Psychological Bulletin*, *131*(6), 925-971.

Pyszczynski, T., Greenberg, J., Solomon, S., Arndt, J., & Schimel,

J. (2004). Why do people need self-esteem? A theoretical and empirical review. *Psychological Bulletin*, 130(3), 435-468.

Reeve, J. (1998). Autonomy support as an interpersonal motivating style: Is it teachable? *Contemporary Educational Psychology*, 23(3), 312-330.

Reid-Arndt, S. A., Matsuda, S., & Cox, C. R. (2012). Tai chi effects on neuropsychological, emotional, and physical functioning following cancer treatment: A pilot study. *Complementary Therapies in Clinical Practice*, 18(1), 26-30.

Reivich, K. J., Seligman, M., & McBride, S. (2011). Master resilience training in the U.S. army. *American Psychologist*, 66(1), 25-34.

Rice, K. G., & Lopez, F. G. (2004). Maladaptive perfectionism, adult attachment, and self-esteem in college students. *Journal of College Counseling*, 7(2), 118-128.

Richardson, G. (2002). The metatheory of resilience and resiliency. *Journal of Clinical Psychology*, 58(3), 307-321.

Richins, M. L., & Dawson, S. (1992). A consumer values orientation for materialism and its measurement: Scale development and validation. *Journal of Consumer Research*, 19(3), 303-316.

Rizzolatti, G., Fadiga, L., Gallese, V., & Fogassi, L. (1996). Premotor cortex and the recognition of motor actions. *Cognitive Brain Research*, 3(2), 131-141.

Robert, W. (1983). Expectations and actions: Expectancy-value models in psychology. *Personality and Individual Differences*, 4(6), 720.

Romero, C., Friedman, L. C., Kalidas, M., Elledge, R., Chang, J., & Liscum, K. R. (2006). Self-forgiveness, spirituality, and psychological adjustment in women with breast cancer. *Journal of Behavioral Medicine*, 29(1), 29-36.

Rosenberg, M. (1965). *Society and the adolescent self-image: Selection of the Sample*. Princeton, NJ: Princeton University Press.

Rothbaum, F., Weisz, J. R., & Snyder, S. S. (1982). Changing the world and changing the self: A two-process model of perceived control. *Journal of Personality and Social Psychology*, 42(1), 5-37.

Rubin, Z. (1970) Measurement of romantic love. *Journal of Personality and Social Psychology*, 16(2), 265-273.

Russell, J. A. (1980). A circumplex model of affect. *Journal of Personality and Social Psychology*, 39(6), 1161-1178.

Ryan, R. M., & Deci, E. L. (2004). Avoiding death or engaging life as accounts of meaning and culture: Comment on Pyszczynski et al. *Psychological Bulletin*, 130(3), 473-477.

Ryff, C. D. (1989). Happiness is everything, or is it? Exporations on the meaning of psychological well-being. *Journal of Personality and Social Psychology*, 57(6), 1069-1081.

Schoon, I., & Polek, E. (2011). Teenage career aspirations and adult career attainment: The role of gender, social background and general cognitive ability. *International Journal of Behavioral Development*, 35(3), 210-217.

Seibert, S. E., Kraimer, M. L., & Crant, J. M. (2001). What do proactive people do? A longitudinal model linking proactive personality and career success. *Personnel Psychology*, 54(4), 845-874.

Seligman, M., Steen, T. A., Park, N., & Peterson, C. (2005). Positive psychology progress: Empirical validation of interventions. *American*

Psychologist, 60(5), 410–421.

Sevincer, A. T., Wagner, G., Kalvelage, J., & Oettingen, G. (2014). Positive thinking about the future in newspaper reports and presidential addresses predicts economic downturn. *Psychological Science*, 25(4), 1010–1017.

Sheeran, P. (2002). Intention-behavior relations: A conceptual and empirical review. In W. Stroebe & M. Hewstone (Eds.), *European Review of Social Psychology* (Vol. 12, pp. 1–36). Chichester, UK: Wiley.

Shernoff, D. J., Csikszentmihalyi, M., Shneider, B., & Shernoff, E. S. (2003). Student engagement in high school classrooms from the perspective of flow theory. *School Psychology Quarterly*, 18(2), 158–176.

Smith, J. L., & Bryant F. B. (2017). Savoring and Well-Being: Mapping the Cognitive-Emotional Terrain of the Happy Mind. In M. Robinson & M. Eid (Eds.) *The Happy Mind: Cognitive Contributions to Well-Being*. Berlin: Springer, Cham.

Smith, J., Staudinger, U. M., & Baltes, P. B. (1994). Occupational settings facilitating wisdom-related knowledge: The sample case of clinical psychologists. *Journal of Consulting and Clinical Psychology*, 62(5), 989–999.

Snyder, C. R. (1995). Conceptualizing, Measuring, and Nurturing Hope. *Journal of Counseling and Development*, 73(3), 355–360.

Snyder, C. R., & Lopez, S. J. (2007). The scientific and practical explanations of human strength. *Journal of Psychology and Christianity*, 27(8), 896–898.

Stadler, G. , Oettingen, G. , & Gollwitzer, P. M. (2009). Physical activity in women: Effects of a self-regulation intervention. *American Journal of Preventive Medicine*, 36(1), 29-34.

Stadler, G. , Oettingen, G. , & Gollwitzer, P. M. (2010). Intervention effects of information and self-regulation on eating fruits and vegetables over two years. *Health Psychology*, 29(3), 274-283.

Staudinger, U. M. , Smith, J. , & Baltes, P. B. (1992). Wisdom-related knowledge in a life review task: Age differences and the role of professional specialization. *Psychology and Aging*, 7(2), 271-281.

Sternberg, R. J. (1986). A triangular theory of love. *Psychological Review*, 93(2), 119-135.

Sternberg, R. J. , & Grajek, S. (1984). The nature of love. *Journal of Personality and Social Psychology*, 47(2), 312-329.

Subkoviak, M. J. , Enright, R. D. , Wu, C. R. , Gassin, E. A. , Freedman, S. , Olson, L. M. , et al. (1995). Measuring interpersonal forgiveness in late adolescence and middle adulthood. *Journal of Adolescence*, 18(6), 641-655.

Tangney, J. P. (2000). Humility: Theoretical perspectives, empirical findings and directions for future research. *Journal of Social and Clinical Psychology*, 19(1), 70-82.

Tomasik, M. J. , & Salmela-Aro, K. (2012). Knowing when to let go at the entrance to university: Beneficial effects of compensatory secondary control after failure. *Motivation and Emotion*, 36(2), 170-179.

Trainer, M. (1981). *Forgiveness: Intrinsic, role-expected, expedient, in the context of divorce*. Unpublished doctoral dissertation, Boston University.

Tyler, J. M., & Burns, K. C. (2008). After depletion: The replenishment of the self's regulatory resources. *Self and Identity*, 7(3), 305–321.

Vandenbosch, L., & Eggermont, S. (2012). Understanding sexual objectification: A comprehensive approach toward media exposure and girls' internalization of beauty ideals, self-objectification, and body surveillance. *Journal of Communication*, 62(5), 869–887.

Weber, M., & Ruch, W. (2012). The role of a good character in 12-year-old school children: Do character strengths matter in the classroom? *Child Indicators Research*, 5(2), 317–334.

Werner, E. (1993). Risk, resilience, and recovery: Perspectives from the Kauai Longitudinal Study. *Development and Psychopathology*, 5(4), 503–515.

Wilson, W. (1967). Correlates of avowed happiness. *Psychological Bulletin*, 67(4), 294–306.

Wolinsky, F. D., Wyrwich, K. W., Babu, A. N., Kroenke, K., & Tierney, W. M. (2003). Age, aging, and the sense of control among older adults: A longitudinal reconsideration. *Journals of Gerontology: Series B*, 58(4), S212–S220.

Wynne-Edwards, V. C. (1962). Animal dispersion in relation to social behavior. *Ibis*, 104(4), 570–571.

Zhong, C. B., & Leonardelli, G. J. (2008). Cold and lonely: Does social exclusion literally feel cold? *Psychological Science*, 19(9), 838–842.

Ye, J. Y., Liang, E. Y., Cheng, Y. S., Chan, G. C. F., Ding, Y., Meng, F., Ng, M. H. L., Chong, B. H., Lian, Q., & Yang, M. (2014). Serotonin Enhances Megakaryopoiesis and Proplatelet Formation via p-Erk1/2 and F-Actin Reorganization. *Stem Cells Journal*, 32(11), 2973–2982.

图书在版编目(CIP)数据

积极心理学 / 盖笑松主编. —上海:上海教育出版社,2020.6(2025.7重印)
ISBN 978-7-5444-9946-0
Ⅰ.①积… Ⅱ.①盖… Ⅲ.①普通心理学 Ⅳ.①B84
中国版本图书馆CIP数据核字(2020)第091586号

策　　划　王　蕾
责任编辑　王　蕾　谢冬华
封面设计　郑　艺

积极心理学
盖笑松　主编
林东慧　吴晓靓　王艳秋　副主编

出版发行　上海教育出版社有限公司
官　　网　www.seph.com.cn
地　　址　上海市闵行区号景路159弄C座
邮　　编　201101
印　　刷　上海展强印刷有限公司
开　　本　700×1000　1/16　印张17.25　插页1
字　　数　237千字
版　　次　2020年6月第1版
印　　次　2025年7月第5次印刷
书　　号　ISBN 978-7-5444-9946-0/B·0178
定　　价　59.80元

如发现质量问题,读者可向本社调换　电话:021-64373213